T: Geister Im Kopf

Nick Peterson

I0084772

T: Geister Im Kopf

ISBN 979-8-9850469-2-2

Distributed by AnotherClip.com

Contents

EINFÜHRUNG...4

Zusammenfassung..6

Dramatis Personae 8

Intro-Datei 001 von DOC 9

AKT I: INTERVIEWS.......................................10

AKT II: E-MAILS 130

2. G_ Beantwortete E-Mails Von DOC....................148

AKT III. G: E-MAILS NICHT ERHALTEN 164

AKT III. ROOSEVELT: E-MAILS NICHT ERHALTEN
....195

AKT 3: LIVE 227

LIVE Die Rettung...248

LIVE Auf der Straße 250

Früher im Ärztehaus.....................................251

5. Die verbotenen Gedanken von G......................254

Lange Zusammenfassung.................................257

Wichtig..261

Anmerkungen zur Entstehung der Geschichte............263

Meine erste Begegnung mit G, Gordon Griffith 266

Roosevelt und ich..297

Gewalt in der Sprache...................................310

T Regie 314

EINFÜHRUNG

AKT I: INTERVIEWS

Eine Reihe von Interviews, die der mysteriöse DOC mit zwei seiner Patienten in der psychiatrischen Abteilung der Universität von Alabama geführt hat, sind im Internet wieder aufgetaucht.

Die Bildqualität ist miserabel und von jedem Interview wurde nur ein Ausschnitt zur Verfügung gestellt.

AKT II: E-MAILS

1. R_ EMPFANGENE E-MAILS Zwischen Mr. Roosevelt und DOC ausgetauschte E-Mails.

2. G_ E-MAILS RECEIVED Zwischen G und DOC ausgetauschte E-Mails.

3. G_ E-MAILS NICHT EMPFANGEN, die von G für DOC gesendet, aber nicht beantwortet wurden.

4. R_ E-MAILS NICHT EMPFANGEN, die von Mr. Roosevelt für DOC gesendet, aber nicht beantwortet wurden

AKT III: LIVE

1. TV NEWS FLASH Vorstellung der Aktion, wo und wann G Mr. Roosevelt, den jetzigen Präsidenten der Vereinigten Staaten, live im Fernsehen trifft.

2. GEISELN G nahm den Präsidenten als Geisel.

3. OUTRO G erfüllt sein Schicksal.

4. Zuvor im letzten Bericht des medizinischen Zentrums DOC vor fünf Jahren.

5. Gs Verbotenes Verbotenes.

Vielleicht war es keine Fiktion.

Zusammenfassung

Eine interaktive Geschichte, ein Mord, ein Mystery-Thriller in 3 Akten, die sich um die Zahl 6 und den Buchstaben T drehen. Zwei Männer mit sehr unterschiedlichem Hintergrund treffen aufeinander und entdecken, dass sie von unsichtbaren Geistern geleitet werden und in Wirklichkeit zwei Maschinen sind, die gezwungen sind, ein Leben voller Spuk zu führen durch einen unheilbaren Zustand. T ist die Abkürzung für Tinnitus.

Ein Thriller.

Ein interaktiver Story-, Mord-, Mystery-Thriller in 3 Akten, der sich um die Zahl 6 und den Buchstaben T dreht, die beide das Proton und das Neutron der Geschichte sind.

Zwei Männer mit sehr unterschiedlichem Hintergrund treffen aufeinander und entdecken, dass sie beide von unsichtbaren Geistern geleitet werden und dass sie in Wirklichkeit zwei Maschinen sind, die gezwungen sind, ein Leben zu führen, das von einer unheilbaren Krankheit heimgesucht wird.

Während der feierlichen Eröffnung des höchsten Gebäudes der Stadt hält ein Mann den Präsidenten der Vereinigten Staaten mit vorgehaltener Waffe fest und zusammen verschwinden sie für 66 Minuten aus dem Blickfeld der Welt, wo sie sich den Geistern der Maschine stellen.

Dramatis Personae

DOC: Psychiater, Engländer in den Dreißigern

G, Gordon Griffith: Patient 2366 in seinen Zwanzigern Gordon wurde an das medizinische Zentrum überwiesen, da er auf der Straße lebte und bei dem Schizophrenie und Demenz diagnostiziert wurden. Er machte viele kurze Aufenthalte in verschiedenen Gefängnissen.

A, Roosevelt: Patient 2166 und später Präsident Roosevelt II in seinen 40ern. Ein aufstrebender Politiker, Republikaner und trotz seines überwältigenden Zustands bestrebt, ein normales Leben zu führen, um seine Ziele als einer der Führer seiner Partei zu erreichen.

Ein Fernsehnachrichtensprecher und Fernsehnachrichtenmoderator.

FBI-Agenten.

Intro-Datei 001 von DOC

Wir haben immer einen Schutzengel im Leben. Irgendjemand schaut irgendwo über unsere Köpfe hinweg und entscheidet, was das Beste für uns ist, und löst damit die Ereignisse aus, die später im Leben passieren werden. Es ist ein Spiel, das manche Leute spielen. Es ist ein Spiel, das ich spiele. Ich bin im Himmel oder in der Hölle auf einem Cloud-Server, wenn Sie wollen. Ich wache über viele Menschen auf der Erde. Ich spiele mit ihnen und führe sie zu ihrer natürlichen Bestimmung. Jeder hat ein Schicksal. Ich habe eins und es liegt außerhalb meiner oder anderer Kontrolle.

AKT I: INTERVIEWS

Eine Reihe von Videointerviews zwischen DOC und der Psychiatrie der Universität of Alabama ist im Internet wieder aufgetaucht.

Dies ist die Abschrift der Interviews zwischen DOC und Mr. Roosevelt und DOC und G.

INTERVIEWS

1.Patient 2166: ROOSEVELT

DOC Herr Roosevelt II?

ROOSEVELT DOC? Ich kenne nicht einmal deinen Namen.

DOC Mein Name ist nicht wichtig. Darf ich Sie Mr. Roosevelt nennen?

ROOSEVELT Wenn Sie wollen. Kann ich Sie DOC nennen?

DOC Wenn Sie möchten.

1. Patient 2366:G

DOC Ist das Gordon?

G G!

DOC Ok, Herr G!

G Haben Sie einen Namen, DOC?

DOC Sie brauchen es nicht. Sie brauchen mich nicht anzurufen. Ich werde immer zu Ihren Diensten sein.

G Wirklich? Sie sind sehr mysteriös, DOC!

DOC Ich bin hier nicht wichtig, du bist die wichtige Person!

G Hast du deshalb keinen Namen?

DOC Nennen Sie mich DOC!

2. Patient 2166: ROOSEVELT

ROOSEVELT DOC, schließlich: Ich verzweifle an diesem Ort.

Doktor, was ist los?

ROOSEVELT Die Frage? Ich werde verrückt! Ich kann mich nicht ausstehen. Ich hasse mich. Ich habe meine Frau über meinen Zustand angelogen und das in meinem Kopf.

DOC-Status?

ROOSEVELT T!

DOC T?

ROOSEVELT Ja. Ich glaube, ich wusste immer, dass ich dieses „T" habe. Ich habe wirklich Angst, dass es mich umbringt.

DOC Dies ist der Fall, wenn Sie Ihren Tinnitus nicht behandeln.

ROOSEVELT Ich weiß, aber er bewegt sich sehr schnell!

DOC Lass ihn nicht!

ROOSEVELT Ich bin schon verrückt.

DOC Ich glaube es nicht!

2.Patient 2366:G

DOC Gibt es etwas was willst du mir heute sagen?

G Nr. Und du?

DOC Sie haben eine Geschichte zu erzählen, nicht ich.

G Meine Geschichte, ist es das?

DOC Ihre Geschichte!

G Eine Geschichte mit Pech. Eine Geschichte, die von Geräuschen dominiert wird, Geräusche, die sich in Stimmen verwandeln, die ich nicht verstehe.

DOC Stimmen oder Geräusche?

G Beides!

T: Geister Im Kopf

DOC Hörst du sie?

G Das Geräusch ist in meinem Kopf, aber es scheint durch meine Ohren zu gehen

DOC Als Motor?

G Ja...

DOC Wie fließendes Wasser?

G Ja, mein Mann! Hast du es auch?

DOC Nr. Ist es schmerzhaft?

G Verdammt ja. Es scheint mich zu beherrschen. Ich kann nichts tun. Wenn ich Kopfschmerzen habe, dauert es einen Tag und ich wälze mich sogar auf dem Boden.

DOC Ich verstehe. Du hast T!

G T?

DOC T ist ein Zustand, keine Krankheit.

G Wie eine Krankheit?

DOC Nein, eine Bedingung. T wie Tinnitus: Tinnitus.

.

3.Patient 2366:G

DOC Wie geht es Ihnen heute?

G Ziemlich vermasselt!

DOC Wie früher?

G Gleich! Also bin ich kein verrückter DOC?

DOC Nein, Sie haben nur eine Bedingung

G Bedeutet das, dass ich das Zentrum verlassen muss?

DOC Noch nicht

G Gut. Ich kann nirgendwo anders hingehen

3. Patient 2166: ROOSEVELT

DOC Mr. Roosevelt: Ich hoffe, Sie haben alles, was Sie brauchen, vom Zentrum?

ROOSEVELT Ja. Vielen Dank.

#Er schläft ein.

DOC Dies ist nicht der richtige Zeitpunkt für das Mr. Roosevelt-Interview?

ROOSEVELT Ja. Ich fühle mich extrem müde. Ich konnte letzte Nacht nicht schlafen. Letzte Nacht und ich konnte keine Schlaftabletten bekommen.

DOC Ich entschuldige mich dafür: Wir versuchen, keine Medikamente zu verabreichen, während die Untersuchung andauert.

4. Patient 2166: ROOSEVELT

DOC Wie ist es? Wie manifestiert es sich wirklich im Inneren?

ROOSEVELT Schwer zu erklären, so ist es. Eines Tages entdeckst du, dass du auf eine bestimmte Art und Weise geboren wurdest. Fast glaubt man, von unbekannten Mächten besessen zu sein.

4.Patient 2366:G

G Sich besessen fühlen. Du hörst Geräusche und Dinge und dann beginnst du zu glauben, dass jemand da ist ...

5. Patient 2166: ROOSEVELT

ROOSEVELT Überwältigend ... Ein Gefühl, besessen zu sein, sogar ein Gefühl des Verlustes ... Etwas ist da und ist dabei, die Kontrolle zu übernehmen ...

5.Patient 2366:G

G Dieses Ding... Es bringt dich direkt in deinen Kopf; es echot und andere Dinge. Es ist mächtig. Es führt dich wohin du auch gehst; es soll über dein Leben herrschen.

6. Patient 2166: ROOSEVELT

ROOSEVELT Er ist ein Geist, der Zugang zu Ihrem Gehirn hat. Dieses Ding kontrolliert deinen Kopf und manchmal ist sein Lärm so ohrenbetäubend, dass du keine Ahnung hast, wie du den Tag verbringen wirst.

6. Patient 2366:G

G Es bringt mich meistens um. Es treibt mich an, Dinge zu tun. All die Bastarde um dich herum, die dir das angetan haben. Du hasst jeden um dich herum. Jemand hat dir diesen Scheiß angetan.

7. Patient 2166: ROOSEVELT

ROOSEVELT Niemand scheint zu wissen, wie es passiert ist. der Lärm ist allgegenwärtig. Früher war es sporadisch, aber jetzt ist es ein Kraftpaket mit Menschen, die Tag und Nacht arbeiten.

7. Patient 2366:G

G Jemand hat mir das angetan. Sicher. Jemand ist für diesen Scheiß und den ganzen Scheiß der Welt verantwortlich. Jemand wird eines Tages dafür bezahlen.

8. Patient 2166: ROOSEVELT

ROOSEVELT Und die Ärzte! Es gab nur einen, der mir geglaubt hat, der, der es weiß ... Sie sagen immer, du musst "weitermachen".

8. Patient 2366:G

G "Es wird gehen ..." Aber glauben Sie das nicht, es ist hier, um zu bleiben. Es ist eine Voraussetzung; eine Krankheit, sie existiert und sie hat einen Namen. So wird der Lärm wie Stimmen, also hörst du die Stimmen und folgst den Stimmen, wohin sie dir sagen, dass du gehen sollst.

9. Patient 2166: ROOSEVELT

ROOSEVELT Ja ... ich bin der Verrückte! Es sind nie die Jungs, die das Ding anfangen: Du bist es, nur du! Dieses Ding ist in dir und du musst damit leben. Sie nennen es: T. Tinnitus: Tinnitus. Es ist eine Voraussetzung.

9. Patient 2366:G

G Wir werden sehen, wie ich in zehn Jahren sein
werde! Ich könnte völlig am Arsch sein ... Ich bin jetzt
am Arsch und der Lärm bringt mich um ... Die
Geister in der Maschine ... Die Geister betreiben
diesen großen Motor und sagen mir, ich soll Dinge
tun.

10. Patient 2166: ROOSEVELT

ROOSEVELT Sie nennen es: „T2 für Tinnitus,
Tinnitus. Wer sich diesen Zustand eingefangen hat,
muss alleine damit fertig werden. Es ist Hilfe zur
Selbsthilfe. Ich muss es ignorieren. Manchen wird es
gelingen, anderen nicht. Ich kann dieses Ding nicht
mich besitzen lassen. Ich muss mich selbst in die
Hand nehmen. Ich wurde gerade als Kandidatin
meiner Partei ausgewählt... Vielleicht kandidiere ich
bald für den Kongress... Niemand wird es jemals
erfahren. Niemand wird jemals wissen müssen, dass
"T" meine Existenz bedroht ...

10. Patient 2366:G

G Hallo DOC! Hast du Pillen? Ich rauche nicht. Ich
kann nicht rauchen wie du Weißt du, das scheint fair
genug zu sein. Verdammt, wenn ich rauchte, würde

der Rauch „T" quälen und dann würde ich noch mehr gequält.

DOC Ich kann Ihnen keine Medikamente gegen Ihre Krankheit verschreiben.

G Was haben Sie für mich DOC?

DOC Ich bin für Sie da!

G Wo?

DOC hier!

G Verdammt, wie kannst du da sein, wenn du nicht da bist?

DOC Bitte nicht fluchen!

G Was?

DOC Ich bin hier, um Ihnen zu helfen, aber ich kann und werde Ihnen nicht helfen, wenn Sie anfangen, missbräuchlich zu werden!

G Habe ich dich beleidigt? Du Armer!

11. Patient 2366:G

DOC Du kannst mir vertrauen, G!

G Vertrauen Sie DOC? Ich vertraue niemandem!

DOC Ich bin Ihr Psychiater!

G DOC: Du bist ein Mensch! Ich würde keinem Menschen vertrauen. Menschen sind so dumm! Sie sind so gestaltet.

DOC Ich verstehe, bin ich dumm?

G Alle Menschen haben Fehler. Sie versagen. Es ist fehlerhaft: Sie sind fehlerhaft und unkontrollierbar.

DOC Unkontrollierbar?

G Unkontrollierbar!

DOC Tiere?

G Die meisten von ihnen – die Tiere – benehmen sich tendenziell besser. Sie sind diszipliniert. Sie haben keine Wahl: Sie haben keine Wahl! Sie sind so.

11. Patient 2166: ROOSEVELT

ROOSEVELT DOC: Sie sind nicht sehr schlau! **Magst** du DOC?

ROOSEVELT Ich hoffe, das tut Ihnen wirklich leid, Mr. DOC!

DOC Entschuldigung für was?

ROOSEVELT Macht nichts! Ich habe dir von dem ersten Interview erzählt und jetzt hatten wir 11 Interviews und du kennst mich immer noch nicht!

DOC Ich bin nicht hier, um Sie kennenzulernen.

ROOSEVELT Was machst du hier?

DOC Ich bin hier, um Ihnen zu helfen; um Ihre Ängste und Befürchtungen zu **kontrollieren und Ihren Zustand zu überwinden.**

ROOSEVELT Nun, beeilen Sie sich, DOC! Denn bisher ist „T" der Gewinner.

12. Patient 2366:G

DOC G!

G DOC!

DOC Was ist neu?

G Willst du mich verarschen?

DOC Was ist los?

G *#Augen geschlossen, beide Hände über dem Kopf.*

DOC G?

G *#Cree.*

DOC! Ja DOC! DOC, DOC, DOC! Heilige Scheiße! Sie sagen, sie bringen mich um und sie sagen mir das und...

DOC "Sie"?

G Oder „sie" Sie: „T" Tinnitus!

#G fällt von seinem Stuhl und landet auf dem Boden.

DOC G!

DOC UND G *#DOC hilft G beim Aufstehen. G quält sich laut.*

12. Patient 2166: ROOSEVELT

DOC Herr Roosevelt?

ROOSEVELT …

DOC Herr Roosevelt1

ROOSEVELT *#Seine beiden Hände auf den Polstern versuchen, seinen Kopf zu zerquetschen.*

DOC Herr Roosevelt?

ROOSEVELT …

DOC Herr Roosevelt?

ROOSEVELT *#Er fängt an zu schreien* Hör auf, meinen Namen zu rufen! Hör auf, mich ständig anzurufen! Hör einfach auf, mich anzurufen. Ich bin nicht hier. Ich bin überall.

#Sie springen und rennen.

13. Patient 2366:G

DOC Wie verbindest du dich mit deinen Freunden?

G Ich hasse Menschen und alle hassen mich.

DOC Und deine Freunde?

G Ich habe keine Freunde!

DOC Warum nicht?

G Ich hasse Menschen!

DOC Auch dort, wo Sie sind?

G Ich wohne nirgendwo. Ich hasse überall und überall und bin obdachlos.

DOC Ach ja. Ich erinnere mich. Das tut mir leid.

G Ich wohne gerade hier.

DOC Ja, es ist wahr!

13. Patient 2166: ROOSEVELT

DOC Fühlen Sie sich manchmal einsam?

ROOSEVELT Offensichtlich bin ich allein, ich bin immer allein.

DOC Ist es schmerzhaft?

ROOSEVELT Nicht so sehr wie mit jemandem zusammen zu sein.

DOC Ist es schmerzhaft für Sie, mit jemandem zusammen zu sein?

ROOSEVELT Hölle! Ich hasse jeden.

DOC Woher kommt dieser Hass?

ROOSEVELT Ich habe ein „T" in meinem Gehirn! Ich kann niemandem antworten, nicht gleichzeitig. Es hängt alles davon ab, wie ich mich gerade fühle, wenn mich jemand anspricht. Ich kann nichts tun. Ich kann nicht.

14. Patient 2366:G

DOC Haben Sie Sex?

G Und du?

DOC Ich frage Sie

G Manchmal.

DOC Haben Sie keinen Freund?

G Keine.

DOC Wie lernt man jemanden kennen?

G Ich treffe niemanden und brauche niemanden!

DOC Ich verstehe..

G Schläfst du mit jemandem?

DOC … Wirklich?

DOC Ja!

14. Patient 2166: ROOSEVELT

DOC Wie läuft der Tag bisher?

ROOSEVELT -„T"?

DOC Ja!

ROOSEVELT Wie das Geräusch strömender Luft im Sommer.

DOC Wer sinkt? Im Sommer?

ROOSEVELT Ende des Abends!

DOC Erträglich?

ROOSEVELT Fast.

15. Patient 2166: ROOSEVELT

ROOSEVELT *#Roosevelt starrt DOC noch ein paar Sekunden lang an, schließt dann die Augen und wiederholt dann den gleichen Vorgang. DOC hatte gerade einen sehr guten Tag und sein Enthusiasmus scheint während des gesamten Interviews durch und diese Situation verärgert Roosevelt.*

DOC Hallo Herr Roosevelt!

ROOSEVELT ....

DOC Es ist kein guter Tag...

ROOSEVELT …

DOC Wie gehen Sie mit Ihrem Zustand um, Mr. Roosevelt?

ROOSEVELT …

DOC Du hast einen Kater…

ROOSEVELT Ich trinke nicht und es ist ein Krankenhaus.

DOC Ja, natürlich.

ROOSEVELT Sie versagen bei Ihrer Behandlung, DOC. Wirklich!

DOC …

15. Patient 2366:G

DOC Wie geht es Ihnen, mein Herr?

G Ist es jetzt Sir?

DOC Herr!

G Nun, ich habe noch niemanden getötet. Das letzte ist schon eine Weile her Zeit.

DOC Das letzte Mal?

G Seit ich jemanden getötet habe!

DOC Sie... haben jemanden umgebracht?

G Ich töte Menschen, ja. Bastarde, hauptsächlich!

DOC töten?

G Ja, DOC. Mit einer Pistole! Willst du, dass ich dich
töte?

DOC …

G Haben Sie Angst?

DOC: Den letzten Punkt ignoriere ich.

G Was: „Angst haben"?

DOC -Nr. Die Frage vorher.

G Oh: "Willst du getötet werden?"

DOC …

G Also, hast du Angst?

DOC …

#Eine Schweigeminute.

G Was?

DOC *#DOC atmet tief durch.*

DOC Das ignoriere ich!

16. Patient 2166: ROOSEVELT

DOC Warum schreist du so?

ROOSEVELT Schrei?

DOC Sie schreien Ihr Gefolge an!

ROOSEVELT Nein, niemals an andere. Ich schreie mich nur an.

DOC Für euch?

ROOSEVELT Ob in der Luft, im Park oder am Meer: Es hilft!

DOC Ich verstehe ...

16. Patient 2366:G

G *#G schüttelt den Kopf Verdammt! Sie knallen gegen Metallrohre!*

DOC T?

G Ja. Verdammt, verdammt! Und das fließende Wasser mit einem riesigen Feuerwerk, um das Ganze abzurunden!

DOC Hör auf zu schreien, G!

G *#Scree noch lauter als vorher Fick dich!*

DOC Hör auf zu schreien, G!

G Fick dich!

DOC Hör auf mich zu beschimpfen und hör auf zu schreien!

G Es ist mein Recht zu schreien und zu schreien!

DOC Mach es im Park, G!

G Ich gehe! Hallo Doc! #G eilt hinaus.

17. Patient 2366:G

G Ich bin nicht der Mann, den Sie denken, DOC

DOC Und wer könnten Sie dann sein, G?

G Könnte sein? Was bedeutet das?

DOC Vielleicht… Vergiss es! Wer bist du G?

G Jemand, der wünschte, er hätte dich nie getroffen!

DOC Ich habe es nie bereut, Sie nicht getroffen zu haben. Unser Treffen war nur ein reiner Zufall, G!

G Nicht so rein. Menschen, die sich treffen, sind immer dazu bestimmt, sich zu treffen. Aber wenn du gewusst hättest, wer ich bin, bevor du dich getroffen hast, hättest du mich nie kennenlernen wollen!

DOC Ich weiß nicht, was ich antworten soll, da ich Sie vorher nicht einmal kannte.

G *#G bietet DOC seinen sprichwörtlichen Siegessauer an.*

DOC *#DOC antwortet, indem er seine Lippen isst und G mit seinen Augen fixiert. G wiederum starrt DOC mit seinen Augen an.*

17. Patient 2166: ROOSEVELT

ROOSEVELT Glauben Sie, ich kann geheilt werden, DOC?

DOC Herr Roosevelt: Man kann nur von Krankheit, Gebrechen oder Verletzung geheilt werden. Keine Voraussetzung.

ROOSEVELT Werde ich meinen Zustand oder meinen Zustand verbessern?

DOC Ich kann Ihnen helfen, weiterzumachen, aber nur Sie können „T" kontrollieren.

18. Patient 2166: ROOSEVELT

DOC Herr Roosevelt?

ROOSEVELT *#schnarchte und wachte mit einem Ruck auf.*

DOC Müde?

ROOSEVELT Hmm...

DOC „T"?

ROOSEVELT Ich habe Filterkaffee aus der Kantine getrunken. Es war viel zu heiß.

DOC Es tut mir leid

ROOSEVELT Ja, und dann gieße ich immer kalte Milch hinein, um es abzukühlen

DOC Sehr schlechte Idee: kaltes und heißes Kochen vermischen sich nie

ROOSEVELT Ja! Ich habe seit diesem DOC-Morgen Kopfschmerzen und bin am Boden zerstört!

DOC Löst es „T" aus?

ROOSEVELT Noch nicht.

#Gähne tief.

DOC Es sollte nicht lange dauern

ROOSEVELT Warum ist Kaffee immer so schlecht? Zu scharf, zu bitter oder zu dies und das. Zu viel Waschmittel drin!

DOC Waschmittel?

ROOSEVELT Ja. Nach der Reinigung der Maschine spülen sie selten das Innere

DOC Kaffee hilft nie und besonders nicht bei „T".

ROOSEVELT *#Gähnt.*

18. Patient 2366: G

G DOC, Der Tee ist hier wirklich beschissen. Sie benötigen 3 Teebeutel, um es trinkbar zu machen!

DOC Drei Teebeutel?

G Ja, mein Mann!

DOC G, Sie müssen Koffein vermeiden: Es ist Tee und Kaffee. Es mischt sich nicht mit „T".

G Ich weiß es, aber ich kann den ganzen Tag nicht schlafen.

DOC Iss Haferkekse!

G Haferkuchen?

DOC Hafer, Haferbrei!

G Bin ich jetzt ein Pferd?

DOC Nein, G...

G Vielen Dank, DOC!

19. Patient 2166: ROOSEVELT

DOC Wenn Sie wirklich hier raus und mit Ihrem Leben weitermachen wollen, sollten Sie wirklich anfangen, weiterzumachen.

ROOSEVELT Wirklich, DOC? Wirklich? Vorwärts gehen? Werde dieser lebendige Mann mit „T"! Wenn ich mich dafür entscheide.

DOC Wenn Sie sich entscheiden, vorwärts zu gehen, entscheiden Sie sich zu leben!

ROOSEVELT „Sein oder Nichtsein. Das ist hier die Frage..."

DOC Das ist meine Frage.

ROOSEVELT Ich habe meine ganze Kindheit damit verbracht, mich umzubringen, und ich bin gescheitert. Nach dem Erwachsenenalter ist also klar, dass ich zum Leben bestimmt bin.

DOC Freut mich zu hören!

ROOSEVELT Wie sagte Shakespeare: „Ist es edler im Geiste zu leiden, die Schleudern und Pfeile eines skandalösen Vermögens und die Verachtung des Lebens zu ertragen ..." Was ist der Rest?

DOC Ich bin mir nicht sicher

ROOSEVELT Ist Shakespeare nicht Englisch wie Sie, DOC?

DOC Ja, aber nicht aus demselben Jahrhundert

19. Patient 2366: G

DOC Bist du heute bei mir?

G Ich kann kaum woanders sein

DOC Erneut: #er erhebt seine Stimme Bist du heute bei mir?

G Hör auf, mich anzuschreien! Also, ja. Ich bin bei dir.

DOC Ich habe nicht geschrien, ich habe nur meine Stimme erhoben

G Nicht wirklich, DOC

DOC Ihre Ohren scheinen verstopft zu sein

G Können Sie es noch einmal sagen, DOC?

DOC Wiederholen, was ich gesagt habe?

G Nein, ich meinte ja, da stimme ich Ihnen zu! Gut. Froh das zu hören!

20. Patient 2166: ROOSEVELT

DOC Damit ich Ihnen helfen kann, müssen Sie mir helfen. Sie müssen mir Ihren Zustand, Ihren Zustand beschreiben.

ROOSEVELT Ich, der dachte, ich hätte 20 Tage lang mit Ihnen gesprochen ... Offensichtlich lag ich falsch ...

DOC Du hast es versucht, aber du musst deine Gedanken durchziehen.

ROOSEVELT Bis zum Ende? Da ist wie ein weiteres Echo in meinem Kopf...

DOC Ein Echo? Welches Echo?

ROOSEVELT Das Echo, das in meinem Kopf widerhallt. Es kommt und es geht.

DOC Ein Echo von was?

ROOSEVELT Ein Echo von allem, was vorher gesagt wurde... Er besteht darauf.

20. Patient 2366: G

DOC So G...

G DOC?

DOC Sag mir...

G Ja, DOC?

DOC Hatten Sie jemals ein Echo im Kopf? Oder mehrere Echos?

G Ein paar…

DOC Ein paar woher?

G Aus dem Nichts, aus Dingen, aus Worten, die zuvor gesagt wurden

DOC Bleibt das Echo bestehen?

G Manchmal...

DOC *#Beobachten Sie G für 66 Sekunden.*

G *#G wiederum friert auf DOC ein und beobachtet ihn 66 Sekunden lang und ein Echo hallt gleichzeitig im Kopf von DOC und G nach.*

21. Patient 2166: ROOSEVELT

DOC Ich würde gerne mehr über die Geräusche erfahren, die Sie hören

ROOSEVELT Alle natürlichen Elemente gleichzeitig kombiniert, DOC! Wind, Feuer, Wasser und Luft.

DOC Gleichzeitig?

ROOSEVELT Manchmal und manchmal ist das Geräusch nur ein ganzer Wald, der brennt. „Just": Dieses Wort scheint Luxus zu sein.

DOC Damit kannst du doch noch arbeiten, oder?

ROOSEVELT Wenn Sie mit der Hitze umgehen können, ja, DOC!

DOC Ist es sehr heiß?

ROOSEVELT Das war ein DOC-Witz! Es ist Sound, nicht echte Hitze!

21. Patient 2366: G

DOC Ich würde gerne mehr über die Geräusche erfahren, die Sie hören G.

G Ich kann Sie hören, DOC!

DOC Und außer mir?

G Im Moment ist es das Geräusch von fließendem Wasser

DOC Und die Luft?

G *#Sprich lauter* Die Luft?

DOC Wie ist der Klang der Luft. Wie hört es sich an?

G   Air klingt wie Luft, DOC! Sie und ich wissen, wie Schokolade schmeckt, weil wir sie schon einmal probiert haben.

DOC Ich habe die Geräusche der Luft nie erlebt

G   Nun, es ist zwischen fließendem Wasser mitten im Wald und dem Geräusch von Elektrizität.

DOC Das Geräusch der Elektrizität?

G Sie haben DOC noch nie erlebt, oder?

22. Patient 2366: G

DOC Sie haben mir gestern von Elektrizitätslärm erzählt. Ich bin etwas verwirrt darüber.

G   Ja #*Imitiere DOCs etwas mädchenhafte Art zu sprechen* Ich fühle mich verwirrt, DOC! Das Geräusch von Elektrizität ist wie das Geräusch eines Flugzeugs, das in der Ferne zu hören ist. Von weit weg. Abgesehen davon, dass das Rauschen viel höher ist.

Übrigens, Sie sehen sehr elektrisch aus, DOC! Versuchst du, Idioten auf mich abzuladen? Flirtest du mit mir?

DOC #*Im Schockzustand*

G   DOC?

DOC Gibt es noch andere Geräusche, die Sie unterscheiden können?

G Nicht jetzt, nein.

22. Patient 2166: ROOSEVELT

DOC Wirst du deinem Freund von „T" erzählen?

ROOSEVELT Wenn wir verheiratet sind, aber es ist schwierig. Sie würde es nicht verstehen. Niemand kann verstehen. Doc. Man weiß nie...

ROOSEVELT Sie könnte es verstehen, aber gleichzeitig würde es mein Leiden verschlimmern.

DOC Warum so?

ROOSEVELT Wenn ich T für mich behalte, wird es mein eigener Dämon. Es ist immer noch. Das ist mein persönlicher Kampf. Wenn ich nicht möchte, dass die Leute mich anders behandeln, ist es besser, es privat zu halten. Außerdem, was würde mir das bringen? Die Leute würden mir Zugeständnisse machen und Mitleid mit mir und meinem Verhalten haben. Ich werde niemals als ihresgleichen akzeptiert werden. Wenn ich „T" verstecke, wird es mich dazu zwingen, noch mehr gegen „T" zu kämpfen, und mir helfen, es zu ignorieren. Wenn mein Gefolge „T" kennt, werden sie nur „T" sich entwickeln lassen und alles ist vorbei. Der komplette Zucker.

23. Patient 2366: G

DOC Wie war es, als du auf der Straße geschlafen hast?

G Schwer!

DOC Schwer? Erträglich?

G Als es nicht eiskalt war, als Leute wie du mich nicht mitten in der Nacht getreten oder mit Baseballschlägern geschlagen haben.

DOC Betrunkene?

G Betrunken oder nicht, es ist nur etwas, was sie zum Spaß tun oder weil es Typen wie mich gibt: Sie haben Angst vor einem Landstreicher.

DOC Angst?

G Sie haben Angst, dass sie wie wir werden könnten. Treten ist erträglich. Monate später ist ein hartes Hämmern zu spüren, aber es ist immer noch besser als Feuer.

DOC Feuer?

G Sie zünden Menschen an, die auf der Straße schlafen. Wussten Sie das nicht, DOC?

DOC Sie zünden Obdachlose an?

G Ja, DOC! Die ganze Zeit!

DOC Überleben sie?

G Niemals! Sie brennen bis zu ihrem Tod! Wer ruft mitten in der Nacht die Feuerwehr? Ein Passant, der bereits zu Tode erschrocken geflüchtet war Der Penner, der sich mit seinem unsichtbaren iPhone versteinert irgendwo in eine Ecke schleppt?

DOC….

23. Patient 2166: ROOSEVELT

DOC Kennen Sie noch jemanden mit „T"?

ROOSEVELT Nr

DOC Mit jemandem mit „T" ausgehen?

ROOSEVELT Nr.

DOC Möchtest du jemanden mit „T" kennenlernen?

ROOSEVELT Nein!

DOC Du willst aber generell Leute treffen?

ROOSEVELT Ich habe keine Wahl. Ich muss Leute treffen. Ich muss mit den Leuten reden. Ich versuche Politiker zu sein.

DOC Treffen Sie gerne Leute?

ROOSEVELT Es ist Folter. Das Geräusch eines Motors in meinem Gehirn zu haben, wenn jemand mit dir über Dinge spricht, die du wegen des Lärms nicht verstehen kannst und die du sowieso nicht verstehen kannst, weil es sowieso zu weit und dumm ist.

DOC Hassen Sie Menschen?

ROOSEVELT Ich hasse niemanden. Wie kann ich jemanden hassen, den ich nicht einmal kenne?

24. Patient 2166: ROOSEVELT

DOC Erinnerst du dich?

ROOSEVELT Ja

DOC Erinnern Sie sich an Dinge von vor langer Zeit?

ROOSEVELT Ja, natürlich. Irgendetwas…

DOC Irgendwas?

ROOSEVELT Alles seit meiner Geburt. Jedes Detail. Ich erinnere mich die ganze Zeit. So vertreibe ich mir die Zeit. Erinnern, wie es früher war. Vor „T", falls ein solches Leben überhaupt existierte.

DOC Wie geht es weiter?

ROOSEVELT Wenn ich's mir recht überlege, DOC!

DOC Ja, aber woran erinnerst du dich?

ROOSEVELT Ich kann das nicht mit dir teilen!

DOC Warum nicht?

ROOSEVELT Das ist privat!

DOC Ich bin Ihr Psychiater

ROOSEVELT Ich erinnere mich an Dinge, die mir beim Leben helfen. Wenn das, woran ich mich erinnere, das Gedächtnis eines anderen wäre, würde es aufhören, mir zu gehören.

DOC?

24. Patient 2366: G

DOC Du hast mir einmal gesagt, du erinnerst dich daran, wie die Dinge schmecken?

G Ja?

DOC Woran erinnern Sie sich noch?

G Ich erinnere mich an alles, seit meiner Geburt

DOC Als?

G Alles. Ich kann es dir nicht sagen. Ich verliere mein Gedächtnis, wenn ich es dir sage.

DOC Gedächtnisverlust?

G Vollkommen!

DOC vollständig?

G Sich daran erinnern, wie ich durch mein Leben gegangen bin. Ich versuche mich zu erinnern, ob es vorher besser war. Ich bin schon genug verkorkst, ohne mein Gedächtnis zu verlieren.

25. Patient 2366:G

DOC G, ich habe bemerkt, dass Sie in der Mitte nicht viel essen?

G Nr. Aber ich habe kein Ernährungsproblem.

DOC Sie könnten einen haben, wenn Sie nicht essen!

G Ich esse nur wenig. Das ist genug. Ich trinke etwas Wasser

DOC Schlafen Sie gut?

G Ja. Manche Nächte schlafe ich und andere nicht.

DOC In manchen Nächten schläfst du überhaupt nicht?

G Glauben Sie mir, ich schlafe genug, um aufzustehen, sonst könnte ich nicht aufstehen. Ich möchte nicht zu viel essen, sonst kann ich nicht laufen oder atmen. So stehe ich wenigstens noch. Im Falle…

DOC Für alle Fälle?

G Nur für den Fall, dass ich es brauche, falls ich mich entscheide, mein Leben zu beenden.

25. Patient 2166: ROOSEVELT

DOC Essen Sie genug, Mr. Roosevelt?

ROOSEVELT Genug, danke DOC!

DOC Du isst nie zu viel, oder?

ROOSEVELT Nr.

DOC Bekommst du genug Schlaf?

ROOSEVELT Ich bekomme nie genug Schlaf. Ich habe „T" und „T", was mich die ganze Nacht wach hält. Außerdem bin ich Politiker; Mein Zeitplan ist überlastet. Es ist 24/7!

DOC Du arbeitest gerade nicht, oder?

ROOSEVELT Nein, ich bin hier. Aber ich denke, es ist fast Zeit für mich, zu gehen und mich der realen Welt anzuschließen.

26. Patient 2366: G

DOC Wie essen Sie G? Kochst du?

G Nicht auf der Straße, DOC! Nö!

DOC Wohin gehst du?

G Ich schaue in den Müllbergen von Starbucks nach Essensresten.

DOC Starbucks?

G Starbucks! Ja mein Mann!

DOC Starbucks ist kein bisschen teuer?

G Nr. Frei!

DOC Frei?

G Frei. Alles ist kostenlos! Jeder lässt sein Essen halb gegessen oder gar nicht gegessen auf dem Tisch stehen. Kaffee, heiße Schokolade, Kuchen, Muffins. Muffins und Kuchen haben zu viel Zucker und schmecken nach Pappe. Ich sollte wissen.

Wenn ich nachts nicht schlafen kann, kaue und esse ich oft die Pappe, auf der ich schlafe. Manchmal fast ein Sandwich mit Räucherlachs drin, DOC! Was ist los mit den Leuten, DOC? Und auf Schwarzbrot: Ihre Art von Essen, DOC!

DOC Das ist es, was die Leute hinterlassen?

G Ja. Das Essen ist nicht so schlecht. Besser als McDonald's und McDonald's lässt niemand Essen zurück.

DOC Jeden Tag?

G Jeden Tag, jede Stunde

DOC Da könntest du dir ernsthafte Infektionen einfangen, G!

G Kein Problem: Die Leute lassen ihren Obstsalat liegen - halb aufgegessen oder ungeöffnet - auch Orangensaft wurde oft nicht getrunken. Es ist Vitamin C, DOC! Es ist gut für dich!

DOC Warum lassen Menschen Lebensmittel zurück?

G Sie essen nicht wirklich bei Starbucks. Sie trinken einen kleinen Kaffee, sie treffen sich dreißig Leute oder sie kommen, um etwas zu kaufen, um die Toilette zu benutzen.

DOC Ich gehe hier nicht hin, aber sieht Sie jemand beim Essen?

G Nein, ich weiß es nicht und es ist mir auch egal. Sonst ist es Essensverschwendung.

DOC Lange im Starbucks bleiben?

G Ja. Verdauen. Ich weiß nicht, was in dem Essen ist, aber normalerweise kommt alles nach einer Weile heraus, also ist es sicher, in der Nähe der Toilette zu bleiben. Starbucks hat die besten öffentlichen Toiletten! Und es ist kostenlos! Der Raum ist groß genug für einen kompletten Einlauf. Nicht zum Baden, nur im Stehen waschen. Es gibt genug Toilettenpapier, um sich abzutrocknen, und einen

Handturbotrockner. Schnell trocknend. So ziehe ich mich aus, wasche und trockne mich ab.

DOC *#Erstaunt* Ich bin mir nicht sicher, ob ich zu einem Starbucks gehen möchte.

G Es hängt davon ab, ob Sie in oder in der Nähe einer öffentlichen Toilette essen möchten, DOC!

DOC …

26. Patient 2166: ROOSEVELT

DOC Welche Art von Essen isst du?

ROOSEVELT Ich esse nicht viel.

DOC Kuchen, Süßigkeiten?

ROOSEVELT Nein, niemals

DOC Gehst du auswärts essen?

ROOSEVELT Niemals. Das Essen ist immer noch mies und ungesund, also gibt es keinen Grund und man muss immer noch nett zu den Leuten sein und trotzdem dafür bezahlen. Es ist faul, auswärts zu essen. Ich mache nie. Ich habe sowieso nie Zeit. Ich arbeite den ganzen Tag.

DOC Kochst du?

ROOSEVELT Kleine Tricks. Meine Freundin kocht auch, aber nur kleine Mahlzeiten.

27. Patient 2166: ROOSEVELT

DOC Also, Mr. Roosevelt... Was haben Sie bisher im Zentrum gemacht? Wie verbringst du die meiste Zeit?

ROOSEVELT Hauptsächlich lesen. Ich hatte viel nachzuholen.

DOC gelesen?

ROOSEVELT hauptsächlich Rechtsbücher. Capitol Hill hat viele Regeln und Vorschriften. Davon kommt man nicht so einfach weg.

DOC Davon abweichen?

ROOSEVELT Man muss nicht viel darüber wissen, wie man Politiker ist, aber das Wenige, was man wissen muss, ist, dafür zu sorgen, dass man fließt und keine Fehler macht. Es kann weh tun.

DOC Ist Lesen schmerzhaft?

ROOSEVELT Politik zu lesen ist immer eine schmerzhafte Sache, DOC! Als Politikerin ist es noch schwieriger, aber ich habe keine Wahl.

27. Patient 2366: G

DOC G...

G DOC?

DOC Wie verbringen Sie Ihre Tage im Zentrum?

G Ich hole meinen Schlaf nach, DOC. Ich habe hier regelmäßiges Bett und Essen. Vielen Dank!

DOC Fernsehen?

G Selten: manchmal, aber nie lange. Es tut zu sehr weh mit „T". Ich mache lange Spaziergänge im Park und jeden Tag treffe ich einen DOC, der mich immer sehr komisch ansieht!

DOC *#Lächelt*

28. Patient 2366: G

DOC Was ist G?

G *#Sehen Sie DOC schweigend an.*

DOC G?

G *#sieht DOC an und sieht mit jeder Sekunde bedrohlicher aus.*

DOC Ich fühle mich gerade nicht sehr wohl.

G *#Wut und Wut scheinen sich auf Gs Gesicht auszubreiten.*

DOC G? *#Angst ist plötzlich auf DOCs Gesicht zu sehen.* G? G?

G *#Rot vor Wut...*

DOC *#DOC steht plötzlich auf und verlässt sehr langsam den Vernehmungsraum, während er G anstarrt*

28. Patient 2166: ROOSEVELT

ROOSEVELT Ich glaube, meine Zeit ist hier oben abgelaufen, DOC!

DOC Glaubst du das wirklich?

ROOSEVELT Ja, ich glaube schon.

DOC Variante?

ROOSEVELT Ja!

DOC Ich dachte, du hättest noch "T"?

ROOSEVELT Du weißt sehr gut, dass ich ein „T" habe. „T" wird mich nie verlassen

DOC Bist du bereit, es zu ignorieren?

ROOSEVELT Ich glaube schon. Ich habe keine Wahl. Ich möchte leben!

29. Patient 2366: G

DOC Ich sah Sie heute Morgen im Park auf der Bank, wie Sie die Bäume ansahen...

G ...

DOC Du kannst nicht zusehen, wie die Zeit vergeht, weißt du?

G Warum nicht?

DOC Time holt Sie ein!

G Was?

DOC Du wirst alt sein, bevor du dich versiehst, wenn du die Zeit vergehen lässt!

G Ich werde bald tot sein. Also, wäre es vielleicht besser, jung als alt zu sterben.

29. Patient 2166: ROOSEVELT

ROOSEVELT Ich habe es schon erwähnt: Ich fühle mich hier nicht mehr wohl.

DOC Bist du bereit zu gehen?

ROOSEVELT Fast ...

DOC Wenn du bereit bist, werden wir beide es wissen

ROOSEVELT Ich bin fast fertig...

DOC Ja, sehr bald

ROOSEVELT Ich kann die Zeit nicht ewig halten

DOC Niemand kann!

30. Patient 2366: G

#Tableasu in 66 Sekunden.

DOC G?

G *#Betrachte immer noch DOC.*

DOC G?

G *#Seine Augen starren auf die Augen von DOC.*

DOC *#Erhebe deine Stimme. G!*

#Wird zunehmend wütend. Hör zu, G, wir haben das schon einmal durchgemacht. Ich weiß nicht, warum Sie so wütend sind, aber Sie bereiten mir gerade ein äußerst unangenehmes Gefühl.

G *#Sein Atem wird allmählich schwerer.*

DOC *#DOC Gesicht ist von Angst verklärt. Bei der 66. Sekunde öffnet sich plötzlich die Tür zum Vernehmungsraum. Herr Roosevelt erscheint. DOC richtet seinen Blick dabei auf die Tür dass G mit Blick auf DOC sitzen bleibt.*

ROOSEVELT Es tut mir wirklich leid, einzugreifen: Ich muss wirklich mit Ihnen reden.

DOC *#Er steht auf und verlässt den Raum, wirft einen Blick auf G, der sich immer noch in derselben Position befindet, aber jetzt vor einer leeren Wand steht.*

30. Patient 2166: Roosevelt

DOC Haben Sie jemals Drogen genommen?

ROOSEVELT Ja, natürlich: Jeder hat sie, DOC! Es ist Amerika! Aber ich nehme schon lange keine mehr, nicht einmal verschreibungspflichtige Medikamente; Ihre Art von Droge, DOC! Das sind auch Drogen!

31. Patient 2366: G

DOC G, haben Sie jemals gearbeitet?

G Ja, mein Mann! An manchen Tagen habe ich gearbeitet...

DOC Gibt es etwas, das Sie gerne tun würden?

G Ruhen auf einem Friedhof?

DOC Es ist keine Arbeit. Na sicher! Es gibt den Menschen Arbeit. Jemand muss mich ins Grab schicken!

DOC Stimmt! Es sei denn natürlich...

G Es sei denn, was?

DOC Es sei denn, Sie landen im Massengrab!

G Was?

DOC Ein Loch mit Fremden

G Ja, mein Mann. Es ist auch möglich

DOC Mal ehrlich, hattest du schon mal ein paar Monate einen Job?

G Niemals!

DOC Ein paar Wochen?

G Ja, vielleicht Wochen ... Ich habe einmal in einer Küche gearbeitet, aber das Geräusch von brennendem Gas machte es mir unmöglich.

DOC Das Geräusch von Gas?

G Es fließt, Mann. Genau wie eine Explosion

DOC Wie „T"?

G „T" ist auch wie das Geräusch von Gas, aber wenn man es von außen hört, wird es noch schlimmer. Es ist wie mehrere Explosionen. Das hält keiner aus!

DOC Es sei denn, Sie entscheiden sich dafür...

G Wählen

DOC Entscheiden Sie sich, es zu ignorieren!

G Ich kann „T" nicht ignorieren. Ich werde mich niemals ignorieren!

31. Patient 2166: ROOSEVELT

DOC Warum beobachten Sie mich so genau, Mr. Roosevelt?

ROOSEVELT *#Seine Augen sind gelähmt auf DOC...*

DOC Herr Roosevelt?

ROOSEVELT *#Transfigure DOC wie in Trance.*

DOC *#Ein kurzer Blick zwischen Mr. Roosevelt und der Tür.*

ROOSEVELT *#In tiefer Trance beim Anschauen von DOC.*

DOC *#DOC starrt Mr. Roosevelt jetzt aufmerksam an.*

DOC UND ROOSEVELT

#Die Aktion dauert 66 Sekunden. Alle Augen schweiften von einer Richtung in die andere, waren aber immer noch auf die Gesichter der anderen gerichtet. Die Augenbrauen ziehen sich manchmal in Falten, die Lippen zucken leicht und sie beißen sich auf die Kiefer. Die Köpfe sind noch stabil, kein Wort

oder Ton kommt aus dem einen oder anderen. In der Mitte dieses Interviews ist ein leises Atmen zu hören.

32. Patient 2366: G

G *#G grüßt DOC mit dem Kopf.*

DOC Hallo G! Kannst du heute Morgen sprechen?

G *#Bewegt den Kopf seitwärts als Nein.*

DOC Was ist los?

G Mein Kopf explodiert.

DOC „T"?

G Nein: eine Migräne: die geht jetzt seit mindestens 6 Tagen so und es tut verdammt weh.

DOC Hast du etwas dafür genommen?

G Ja, aber alle Pillen verschlimmerten das Problem. Das ist jetzt 6 Tage her!

DOC Das kann keine Migräne sein. Es kann nicht 6 Tage dauern, höchstens einen Tag. Wenn es 6 Tage gedauert hätte, wären Sie tot oder im Koma gewesen.

G Ich bin tot und rede gerade nicht mit dir. Ich wusste, dass ich tot war ... Ich bekam „T". Mir war nie klar, dass ich schon tot war. Danke, Doktor! Unsere Interviews sind also das, was wir die Hölle nennen!

32. Patient 2166: ROOSEVELT

DOC Mr. Roosevelt: Sie haben nicht viel gesprochen, seit Sie im Zentrum waren und seit wir mit allen Sitzungen begonnen haben. Es würde Ihnen helfen, mehr zu kommunizieren und das weiterzugeben, was Ihre Gedanken zu beherrschen scheint.

ROOSEVELT Ich dachte, „Gedanken" seien wirklich privat. Mir war nie klar, dass das nicht der Fall war. Sollen Sie als Psychiater nicht bei mir eine Diagnose stellen, ohne mit mir zu sprechen?

DOC Ich kann nicht. Du musst mir helfen...

ROOSEVELT Wie kommt es, dass ich es geschafft habe, Sie kennenzulernen und Sie wie ein Buch zu lesen, und Sie konnten es nie?

33. Patient 2366:G

G *#G knallt seinen Kopf gegen die Wand.*

DOC G?

G *#G stößt mit dem Kopf gegen die Wand.*

DOC *#DOC steht auf und stürmt auf G zu, um ihn vor Verletzungen zu bewahren.*

G   *#G fällt zu Boden, sein Körper zittert und dreht sich um, ohne etwas zu sagen.*

DOC   *#DOC steht immer noch und beobachtet G, ohne sich wirklich zu bewegen.*

G, kannst du mich hören?

G   *#G zittert und rollt immer noch auf dem Boden.*

DOC   G: Sie sollten es ignorieren. Ignoriere es! „T"ignorieren!

DOC UND G   *#G hält seinen Kopf mit beiden Händen und versucht mit Hilfe von DOC aufzustehen, verlässt dann den Vernehmungsraum und lässt DOC völlig verblüfft von Gs Verhalten zurück*

33. Patient 2166: ROOSEVELT

ROOSEVELT Hallo, DOC!

DOC Und auch Ihnen einen guten Morgen, Mr. Roosevelt. Ich bin froh zu sehen, dass einige meiner Patienten sich nicht hysterisch verhalten.

ROOSEVELT Nun, ich habe mich hysterisch benommen; Ich versuche nur, es nicht zu zeigen.

DOC Du meinst, du kennst deinen Zustand nicht?

ROOSEVELT So könnte man sagen.

DOC Hat "T" Sie so sehr beeinflusst, dass Sie musstest du dich verletzen oder auf dem Boden rollen?

ROOSEVELT Ja, aber ich glaube nicht, dass ich mich verletzt habe

DOC Auf dem Boden rollen?

ROOSEVELT Ja. Mehrmals. Aber am Ende musst du dich selbst kontrollieren, T kontrollieren, sonst ist es das Ende.

34. Patient 2366: G

G Ich habe mich gefragt, ob ich dich töte, wird es „T" wegnehmen?

DOC Und wie kann ich Sie fragen, würde das "T" umbringen?

G Wenn Sie nicht mehr da sind, lösen Sie kein „T" mehr aus. Ich könnte immer noch in der Hölle sein, aber "T" wäre tot!

DOC "T" wird niemals sterben!

G T" ist menschlich. Alle Geister sind menschlich, sie sind Sterbliche, DOC!

DOC Die Geister sind schon tot. Sie sind keine Gespenster mehr, sondern nur noch Geister ...

G Glaubst du an Spirituosen, DOC?

DOC Nein und ich bin nicht "T"!

G "T" ist menschlich und ein Geist ist nur ein Spiegelbild eines Menschen und ich glaube, es ist dein Spiegelbild in mir.

DOC Damit fühle ich mich nicht wohl!

#DOC steht auf und rennt zur Tür, G spricht.

G Warum hast du solche Angst vor mir? Ich bin derjenige in der Hölle, nicht du. Warum versuchst du zu gehen?

DOC *#DOC rennt weg und knallt die Tür hinter sich zu.*

34. Patient 2166: ROOSEVELT

DOC Haben Sie Sex?

ROOSEVELT Nein. Nicht wirklich. Ich hatte schon vorher Sex und ich habe eine zukünftige Frau, aber ich vermeide es; Ich mache nichts, ich vermisse es nicht wirklich. Mit „T" in der Mitte ist es, als würde man es vor vielen Leuten machen. Es ist wirklich abstoßend.

35. Patient 2366: G

DOC Fühlen Sie sich manchmal taub in den Ohren?

G Manchmal ja

DOC Schluckst du, damit es weggeht?

G Ja...

DOC War es wie in einem Flugzeug zu fliegen?

G Ein Flugzeug, Mann? Ich war noch nie in einem Flugzeug. Ich habe diese Stadt nie verlassen, DOC! Ich weiß nicht einmal, wie diese Stadt heißt.

35. Patient 2166: ROOSEVELT

DOC Ihre Freundin hat Sie nie im Zentrum besucht?

ROOSEVELT Nein, niemals und das wird sie auch nie

DOC Warum ps?

ROOSEVELT Sie weiß nicht, dass ich hier bin und weiß nicht, dass ich „T" habe, und sie wird es nie erfahren.

DOC Was hast du ihm gesagt, dass er so lange weg war?

ROOSEVELT Ich habe gelogen

DOC Gelogen?

ROOSEVELT musste ich irgendwie decken. Als Politiker habe ich gesagt, dass ich mich für eine

Konferenz in New York anmelden muss und eine
Weile weg sein werde.

DOC Sie ahnt nichts?

ROOSEVELT Nr. Ich rufe ihn an und schicke E-
Mails.

DOC Ich verstehe

ROOSEVELT Ich werde nicht lange hier sein, oder,
DOC?

DOC *#Keine Antwort, aber ein kleines Lächeln
schleicht sich über DOCs Gesicht.*

36. Patient 2366: G

DOC Hast du Sex?

G Flirten Sie mit mir, DOC?

DOC Nein, G. Ich frage nur!

G Nur von mir und sehr selten. Ich hatte vorher
Freundinnen, aber „T" hat mich immer gestört. Sex ist
Privatsache und wenn „T" dazwischen kommt, ist
nichts unmöglich.

36. Patient 2166: ROOSEVELT

DOC Wie war Ihre erste Klangtherapiesitzung heute Morgen?

ROOSEVELT Eine komplette Katastrophe!

DOC Eine Katastrophe?

ROOSEVELT Der Versuch, Feuer mit Feuer zu bekämpfen, ist keine sehr gute Idee

DOC Dies ist eine akzeptierte Behandlung...

ROOSEVELT Eine Stunde lang verschiedene Geräusche durch deine Ohren in dein Gehirn schicken?

DOC Es tut mir leid zu hören, dass es nicht funktioniert hat

ROOSEVELT Wo bekommt man all diese Wunderbehandlungen her?

DOC *#Fassungslos und nicht in der Lage zu antworten.*

37. Patient 2366: G

G *#G zuckt mit den Schultern. Heute Morgen ist er wütend.*

DOC Fühlen Sie Angst oder Hass?

G Angst oder Hass? Nein, ich habe vor nichts Angst. Ich mag niemanden oder irgendetwas besonders, aber ja, ich hasse natürlich bestimmte Leute und bestimmte Orte.

DOC Warst du schon immer so?

G Immer!

DOC Ich verstehe.

G Und du?

DOC Was ist mit mir?

G Bist du voller Wut und Hass?

DOC Meine persönliche Meinung ist ehrlich gesagt irrelevant.

G Ich verstehe...

37. Patient 2166: ROOSEVELT

DOC Du hast noch nie jemanden wirklich geliebt, oder?

ROOSEVELT Nein, nicht wirklich.

DOC Deine Freundin?

ROOSEVELT Wir verstehen uns.

DOC Ihre Eltern?

ROOSEVELT Nein, nicht wirklich. Sie starben vor so vielen Jahren.

DOC Freunde?

ROOSEVELT Nein, ich vertraue niemandem. Die Leute neigen immer dazu, mich auszunutzen, aber ich bin sowieso zu beschäftigt.

38. Patient 2366: G

DOC *#DOC geht einen Dokumentenstapel durch. Er hat eine Reihe von Bildern, die er G zeigen möchte.*

 G, was ruft dieses Bild in dir hervor?

G Beschwörung?

DOC Provozieren...

G Provozieren?

DOC *#Etwas genervt.* Welche Reaktionen löst das bei Ihnen aus?

G Bringt Sie?

DOC *#Verzweifelt.* Woran denken Sie dabei?

G Err ... ein schlecht gezeichneter Elefant?

DOC UND G *#DOC dreht das Bild um und sieht es an und plötzlich bricht G 66 Sekunden lang in Gelächter aus.*

#Als G aufhörte zu lachen, war DOC völlig verwirrt.

DOC Was war so lustig?

G Sie DOC Sie sind lustig! Wir sollten uns wirklich verbinden, wenn ich das Zentrum verlasse. DOC?

DOC Außerhalb meiner ärztlichen Pflichten darf ich keinen Kontakt aufnehmen.

G Ich dachte, ich wäre weder medizinisch noch klinisch. Ich dachte, ich hätte keine Krankheit, nur einen Zustand. Es ist nicht ansteckend, DOC!

DOC Nr.

G Und was ist damit?

DOC *#Schau G 66 Sekunden lang an.*

G Ich verstehe

38. Patient 2166: ROOSEVELT

DOC Lachen Sie manchmal?

ROOSEVELT Nr

DOC Niemals?

ROOSEVELT Nicht, dass ich mich erinnere. Nein: Ich erzähle eine Lüge. Einmal, vor ein paar Jahren, habe ich eine Kellnerin bei Starbucks ausgelacht, weil sie den Kaffeefilter nicht wechseln wollte.

DOC Änderung?

ROOSEVELT Ersetze ihn.

DOC Und Sie haben gelacht?

ROOSEVELT Ja. Ich lachte, aber nicht ohne Grund. Es war ein Lachen, das durch jahrelange Wut erzeugt wurde.

DOC Wut?

ROOSEVELT Sie wechseln ihren Kaffee nur alle 60 Minuten und nach 20 Minuten ist es meistens ein ekelhaft bitterer Eintopf.

DOC Sie können immer woanders hingehen

ROOSEVELT Starbucks ist woanders. Starbucks ist überall!

DOC Was haben sie gesagt, nachdem sie aufgehört haben zu lachen?

ROOSEVELT Nichts. Sie denken dort nicht: Sie haben die gleichen wütenden Gesichter, die sie normalerweise haben. Es war in England. In Amerika sind Mitarbeiter weniger wütend.

DOC Fliegen Sie oft?

ROOSEVELT Nicht zu oft. „T" multipliziert sich in großer Höhe.

DOC Fühlten Sie sich besser, nachdem Sie in Gelächter ausgebrochen waren?

ROOSEVELT Für einen Moment. Ja. Nun, ungefähr 66 Minuten später bekam ich eine Migräne, dann floss das überschüssige Wasser: Es dauerte 66 Minuten für die Migräne, dann weitere 66 Minuten, bis das überschüssige Wasser aufhörte, aber nur durch das Geräusch eines tief fliegenden Flugzeugs ersetzt wurde.

DOC Ihre Erinnerung an die Ereignisse ist unglaublich.

ROOSEVELT Ja. Ich habe eine perfekte Erinnerung: Ich habe jede Sekunde gelebt und die ganze Episode wird in meinem Kopf neu verarbeitet. Ich kann die nächsten 66 Minuten lang die Migräne spüren, dann das Geräusch von fließendem Wasser für weitere 66 Minuten. Danke für alles, DOC!

DOC *#Völlig verwirrt von dem schieren Unglauben der Antwort.*

39. Patient 2166: ROOSEVELT

DOC Was würde Ihrer Meinung nach die Geräusche in Ihrem Kopf dämpfen?

ROOSEVELT Nichts kann die Geräusche reduzieren oder entfernen

DOC Hast du irgendwas probiert?

ROOSEVELT Unter Wasser bleiben ... es ist anders; beruhigend, aber es ist immer noch da. Beruhigender DOC?

#ROOSEVELT Unter Wasser ist es anders. Es könnte auch daran liegen, dass sich die Geräusche mit anderen Geräuschen von außen vermischen. Anders in der Höhe: Manchmal tut es richtig weh. Es ist so durchdringend wie der Ton einer Polizeisirene in irgendeinem Bundesstaat, die ununterbrochen läuft.

DOC *#Fasziniert von Beschreibungen von Roosevelt.*

ROOSEVELT Aber in der Höhe ist das Seltsamste, dass ich es unbewusst für eine Weile ignoriert habe und es einfach für eine Weile verschwunden ist. Ich weiß es nicht, aber es ist nicht mehr da. Ich frage mich, wie es im Weltraum wäre. Ich denke, in den Weltraum zu gehen, wäre schmerzhaft.

39. Patient 2366: G

DOC Gab es Zeiten, in denen „T" nicht da war?

G Nr. Nur wenn ich schlafe.

DOC Haben Sie jemals versucht, das Problem zu lösen?

G Wie sind Schmerzmittel einzunehmen?

DOC Ja

G Ja, aber es hat nicht funktioniert. Bei Migräne hat es ein wenig geholfen, das ist alles.

DOC Hast du schon etwas anderes probiert?

G Ach ja, lauf

DOC Läuft?

G Wenn ich genug geschlafen habe, bevor ich laufen konnte

DOC Es hilft zu laufen?

G Es fühlt sich gut an. Aber nur für kurze Zeit. Es ist wieder da, sobald ich aufhöre

DOC Wie lange?

G   Höchstens zwanzig Minuten, dann gehe ich wieder eine Stunde zu Fuß

40. Patient 2366: G

G   *#G sitzt immer noch, aber in Trance*

DOC *#Nach einigen Sekunden versucht DOC, ein Gespräch mit G zu beginnen.*

G   ?

DOC UND G   *#Keine Antwort von G, immer noch tief in seiner Trance. G sieht DOC an und konzentriert sich auf seine Augen.*

#DOC erwidert den Blick in die Augen von G. Ein tiefer Blickwechsel dauert 66 Sekunden.

40. Patient 2166: ROOSEVELT

ROOSEVELT *#Bleib still, still und still, starre DOC für ein paar Sekunden an.*

DOC *#Ein paar Sekunden später versucht DOC, diese Augenfixierung abzufangen.*

Mr. Roosevelt, können Sie aufhören, mich so anzusehen? Du machst mich nervös und sehr unwohl. Herr Roosevelt?

ROOSEVELT *#Er starrt DOC 66 Sekunden lang an.*

DOC *#Bei allem Blick von Roosevelt kann DOC diesen Blick nur akzeptieren.*

41. Patient 2366: G

DOC G, Sie können nicht ewig hier bleiben. Wo wirst du leben?

G Ich wohne gerade hier...

DOC Ja, aber Sie können nicht ewig hier bleiben

G Kaffee ist hier

DOC In Ihrem Bundesland sollten Sie weder Kaffee noch Tee trinken.

G Mein Zustand? Bin ich schwanger?

DOC Entschuldigung: mit Ihrem Zustand.

G Kaffee- und Teehilfe. Es macht alles schlimmer, aber es hilft, die Zeit zu vertreiben.

DOC Kurz langfristig, vielleicht aber langfristig?

G Es gibt keine langfristige. Du weißt es, DOC!

DOC Wo wirst du wohnen, G?

G Gibt es in Ihrem Haus ein leeres Bett?

DOC G, Sie wissen, ich bin nur Ihr Psychiater im Zentrum.

G Wir sehen uns nach deiner Abreise nicht mehr?

DOC Wir werden per E-Mail korrespondieren. Aber körperlich, nein.

G Glaubst du wirklich, wir werden uns nicht wiedersehen, DOC?

DOC *#Schau G ein paar Sekunden lang an, während du ihm auf die Lippe beißt.*

41. Patient 2166: ROOSEVELT

DOC Glaubst du wirklich, dass du das schaffen kannst?

ROOSEVELT Ja. Ich will meine Ziele als Politiker erreichen. Ich möchte Senatorin werden.

DOC Wirklich?

ROOSEVELT Ich habe keine Wahl. Ich muss weiter nach vorne drängen und hoch hinaus wollen.

DOC *#Mit einem ängstlichen, unsicheren Blick auf Roosevelt für ein paar Sekunden.*

42. Patient 2166: ROOSEVELT

DOC Wie erinnerst du dich?

ROOSEVELT Ich erinnere mich, weil ich keine Wahl habe.

DOC Keine Wahl?

ROOSEVELT Ich muss den Tag überstehen.

DOC Was ist, wenn Sie sich nicht erinnern?

ROOSEVELT Das wäre das Ende, nehme ich an. Ich muss mich an jedes Ende eines jeden Tages erinnern; Ich muss mich daran erinnern, was ich tagsüber gemacht habe, dann erinnere ich mich an den Tag zuvor, die Woche zuvor, den Monat zuvor, das Jahr vor meiner Geburt.

DOC Gibt es einen bestimmten Denkprozess?

ROOSEVELT Nicht wirklich

DOC Das ist kein Zufall?

ROOSEVELT Nr. Nur eine endlose Liste, alles in umgekehrter Reihenfolge aufgelistet.

42. Patient 2366: G

DOC Sie haben mir bereits gesagt, dass das Erinnern Ihnen hilft, den Tag zu überstehen. Wie erinnerst du dich?

G Ich erinnere mich immer wieder an Dinge, die ich früher gemacht habe

DOC In einer bestimmten Reihenfolge?

G Stelle ich mir vor. Eines vor dem Letzten, woran ich mich erinnere

DOC Erinnerst du dich an alles?

G Alles, Mann! Alles seit meiner Geburt. Was ich mit sechs an einem Sonntag getrunken habe und wo ich vor 3 Jahren geschlafen habe.

DOC Kommt alles auf einen Schlag zusammen?

G Nr. Eins nach dem anderen

DOC Erinnern Sie sich an etwas Besonderes?

G Nur wenn Sie mich fragen, aber etwas Bestimmtes.

DOC Warum erinnerst du dich an etwas Bestimmtes?

G Es hat mit etwas zu tun, was damals passiert ist. Die Zeit ist gekommen und es ist ein langer Weg.

DOC Woher wissen Sie, dass es wirklich passiert ist?

G Was ist passiert?

DOC Die Dinge, an die Sie sich erinnerten?

G Ich erinnere mich, weil ich alles durchgemacht habe, also weiß ich, dass es wirklich passiert ist.

43. Patient 2366: G

DOC G, ich wurde darüber informiert, dass Sie Ihre zentrale Bank angerufen haben und sie sich darüber beschwert hat, dass Sie missbräuchlich waren. Sie können dies nicht von der Mitte aus tun, und es hat keinen Sinn, missbraucht zu werden. Ich wusste nicht, dass Sie ein Bankkonto haben.

G Entschuldigung? Sie haben mich gerade beleidigt und sehr beleidigt, und dafür sollte ich Anzeige erstatten, DOC!

Erstens habe ich ein kleines Bankkonto. Die meisten Penner haben einen. Danke, dass du so beleidigend bist.

Zweitens war ich am Telefon nicht beleidigend, aber alle Angestellten sagen heutzutage, wenn sie ihre Nervenzusammenbrüche haben, alles, was sie nicht verstehen, als Beleidigung.

Drittens, woher zum Teufel wussten sie, dass ich da war? Sie haben vielleicht zurückgerufen, aber das hätte einen Verstoß gegen das Patientengeheimnis bedeutet, um sie wissen zu lassen, dass ich hier bin.

Schließlich bin ich mir vollkommen bewusst, dass ich nicht direkt für diese unnötige Behandlung zahle, sondern eine Wohltätigkeitsorganisation, die das Zentrum jederzeit wegen Missbrauchs verklagen kann

Ich bin nicht so dumm DOC! Ungebildet, ja. Wir haben uns nichts mehr zu sagen. DOC!

G UND DOC *#G verlässt vor Wut kochend den Vernehmungsraum und knallt die Tür hinter sich zu, was DOC völlig entsetzt und schockiert zurücklässt.*

43. Patient 2166: ROOSEVELT

ROOSEVELT *#Roosevelt hat gerade den Verhörraum betreten. Er steht kaum auf. Er setzt sich auf den Stuhl, wirft einen kurzen Blick auf DOC und schläft dann auf dem Tisch ein.*

DOC Herr Roosevelt? *#Klopft Roosevelt auf die linke Schulter.* Mr. Roosevelt?

DOC *#DOC ist völlig fassungslos. Er kann nicht verstehen, dass Roosevelt vor ihm eingeschlafen ist. Zu beleidigt, dass einer seiner Patienten während eines seiner Gespräche eingeschlafen sein könnte, kam ihm nicht in den Sinn, dass er angesichts von*

Roosevelts Zustand möglicherweise nicht in der Lage war, die Nacht zuvor zu schlafen.

44. Patient 2166: ROOSEVELT

DOC Verbringen Sie viel Zeit online?

ROOSEVELT Ja. Nr. Ich habe dort nichts zu tun, nichts zu sehen und ich kenne niemanden.

DOC Nun, vielleicht triffst du jemanden im Internet

ROOSEVELT Im Internet wusste ich nicht, dass Sie so dumm sind, DOC!

DOC Du brauchst mich nicht zu beleidigen!

Geradeheraus! Manchmal scheint es mir, dass Sie völlig dumm und ignorant sind.

DOC Bin ich immer noch böse?

ROOSEVELT Sie sind cderjenige, der „T"auslöst!

DOC Wie mache ich das?

ROOSEVELT Du zwingst mich, mich zu erinnern

DOC Remembering hilft dir "durch die Dinge" "den Tag zu überleben"...

ROOSEVELT Ja, es ist, wenn ich es in mir behalte und nicht, wenn alles nach außen gestört und hervorgehoben wird. In mir: es ist ein Gedankengang: draußen und es ist vorbei, es ist vorbei. Danke Doc!

44. Patient 2366: G

DOC Sie sind nicht sehr begeistert, wenn es regnet, oder?

G Ich mag den Regen, ich mag das Wetter nicht, wenn es sich ändert. Es löst immer eine lang anhaltende Migräne aus.

DOC Und die Sonne?

G Es ist anders: Ich liebe es, wenn es heiß ist, es hilft mir, das „T" zu vergessen, aber ich kann nie in die Sonne schauen oder es macht mich blind. Ein paar Mal, als ich im Hochgebirge war, lugte die Sonne durch ein Fenster und dann in meinen Kopf – es war, als hätte jemand Glasflaschen zerschmettert und alle Scherben gingen in meinen Kopf. Es hatte 66 Minuten gedauert, gefolgt von langen Kopfschmerzen. Manchmal kommt es während einer Migräne zu einer Explosion während der Migräne. Ich stelle es mir vor wie das Geräusch einer explodierenden Bombe, so laut und so deutlich, und dann gibt es normalerweise ein leises Summen und dann ein paar Vögel, die zwitschern.

45. Patient 2366: G

G *#G wird mit seinen Antworten durchsetzungsfähiger, prägnanter und angriffslustiger.*

DOC Schlafen Sie immer noch sehr schlecht?

G Wenn ich schlafe, schlafe ich. Wenn ich es am nächsten Tag nicht kann, ist es schwächend. Ich bin ein wandelnder Zombie: Ich bin nicht wirklich müde; Ich kann mehrere Stunden lang nicht funktionieren, bis ich den Punkt erreiche, an dem ich wirklich nicht mehr aufstehen kann und irgendwie zusammenbreche, irgendwo, irgendwo.

DOC *#Nach Gs Antwort ist DOC fassungslos. Auf seinem Gesicht zeichnet sich deutliche Angst ab. DOC weiß eindeutig nicht, wie er die Antwort von G interpretieren und wie er reagieren soll.*

45. Patient 2166: ROOSEVELT

DOC Haben Sie das Gefühl, genug Schlaf zu bekommen?

ROOSEVELT Ich bekomme nie genug Schlaf, DOC! Und ich werde wahrscheinlich nie schlafen. Wie Sie wissen, gibt es in mir noch jemanden, der niemals schläft!

46. Patient 2366: G#46 R: LEERE DATEI

DOC *#DOC hat die Nacht zuvor überhaupt nicht gut geschlafen. Er hat Tränensäcke unter den Augen. Tatsächlich hat er in den letzten Wochen nicht gut geschlafen. Er fühlt sich immer hilfloser und verletzlicher, besonders an diesem Morgen.*

G, findest du nicht, dass du im Leben allgemein ein bisschen einsam bist?

G Allein?

DOC Du bist mit niemandem zusammen und kennst niemanden wirklich und hast keine Familie.

G Ich habe es dir schon gesagt: Ich hasse alle, auch dich!

DOC *#Fühlt sich plötzlich ziemlich beunruhigt.*

G Menschen sind nur Parasiten: Sie benutzen Menschen, missbrauchen Menschen, leben auf dem Rücken von Menschen und Sie auch: Sie verdienen Ihren Lebensunterhalt, indem Sie sich um mich kümmern.

DOC Fühlen Sie sich missbraucht?

G Ich bin mir nicht sicher, aber Sie leben von mir, das ist sicher.

DOC In diesem Punkt stimme ich Ihnen zu.

G Und am Ende der Behandlung wirst du reicher sein und deinen Job benoten und während dieser Zeit werde ich auf der Straße landen. Ich habe dir geholfen, deinen Lebensunterhalt zu verdienen, aber du wirst mir nicht helfen, wenn ich weg bin.

DOC Ich versuche Ihnen jetzt zu helfen und wir können danach immer noch per E-Mail kommunizieren.

G Bis wann? Bis du stirbst?

DOC Vielleicht nicht mehr so lange. Mein E-Mail-System wird nach einer Weile nicht mehr funktionieren, da unsere Sitzungen immer noch zeitlich begrenzt sind.

G Aber hält Ihr Nachrichtensystem bis zu Ihrem Tod?

DOC   *#DOC wird plötzlich von Angst verklärt. Er weiß nicht, was er antworten soll oder ob er überhaupt richtig gehört hat. Er sitzt 66 Sekunden lang bewegungslos vor G.*

G   *#G blickt auf DOC zurück und sie teilen 66 Sekunden lang schreckliche Gedanken miteinander.*

46. Patient 2166: ROOSEVELT

DOC   Benutzen Sie das Internet?

ROOSEVELT Nur für E-Mails. Wenn ich zu lange auf den Bildschirm, den Fernseher oder den Computer starre, ist „T" wieder voll.

47. Patient 2166: ROOSEVELT

ROOSEVELT Also, DOC? Du siehst nicht gut aus?

DOC   *#Chaotisch und unrasiert.*

ROOSEVELT Ich weiß nicht, ob es an der Behandlung liegt, die ich hier erhalten habe, aber ich kann definitiv sagen, dass „T" dramatisch zugenommen hat. „T" ist jetzt permanent; ein kontinuierlicher Strom von Geräuschen. Die Stimmen sind auch drinnen, aber ich kann sie nicht verstehen. Ich kämpfe: kämpfe darum, es zu ignorieren, kämpfe gegen „T".

DOC *#DOC sinkt in seinen Stuhl zurück, sieht ausschweifend aus und schläft ein, sein Kopf und seine Arme auf dem Tisch, was Roosevelt völlig fassungslos zurücklässt.*

47. Patient 2366: G

DOC *#Fast 50 Tage, nachdem DOC G und Roosevelt zum ersten Mal interviewt hat, verwandelt er sich langsam in einen Schatten seiner selbst. Seine Augen sind verschwommen vom Schlafmangel seit mehreren Wochen, er hat tiefe Furchen in den Wangen und er sieht extrem abgemagert aus. Er hat immer mehr Probleme um seine Patienten zu verstehen und aus ihm unbekannten Gründen scheint die Angst allgegenwärtig zu sein, wenn er mit G.*

G Hallo, DOC. Du siehst wieder müde aus. Was ist los?

DOC *#G mit erloschenen Augen betrachten.*

G Vielleicht sollten Sie ein DOC, DOC sehen! Oder vielleicht sollten Sie ein paar Sitzungen mit mir beginnen!.

#Diese letzte Bemerkung von G lässt ihn erschaudern.

DOC Mir geht es gut G. Wirklich, nur überarbeitet.

48. Patient 2166: ROOSEVELT

ROOSEVELT Ich habe gehört, dass ein Mitarbeiter vermisst wird? Ich hoffe, nichts Ernstes, DOC?

DOC Ich bin mir nicht sicher: Seit einer Woche wird eine Krankenschwester vermisst. Wer hat es dir gegenüber erwähnt?

ROOSEVELT Einer der Sicherheitsleute. Er hat mich sogar danach gefragt.

DOC Nun... Sie müssen jeden um Hilfe bitten, der Kontakt mit der Krankenschwester hatte. Nichts, über das man sich sorgen sollte.

48. Patient 2366: G

DOC *#Um nicht müde und langsam zu erscheinen, leitet DOC die Sitzung ein.*

Guten Morgen!

G DOC!

DOC Du scheinst „T" jetzt viel besser zu kontrollieren!

G Besser? Nein. „T" ist derzeit mächtiger und stärker als je zuvor. Nur das Brummen im Hintergrund ist weniger laut, die Stimmen werden aber klarer.

DOC Welche Stimmen?

G Die Stimmen von „T". Sie waren weiter entfernt und stehen jetzt im Vordergrund.

DOC Was sagen die Stimmen?

G Sie entscheiden Dinge, sagen mir, ich soll Dinge tun

DOC Was für Sachen?

G Die Stimmen sagen mir, ich soll die Leute warnen...

DOC warnen?

G Die Leute, die verhindern würden, dass „T" existiert!

DOC würde verhindern?

G würde verhindern!

DOC *#Seine Angst beherrscht ihn. Hier geht eindeutig etwas vor, aber er kann immer noch nicht herausfinden, was es ist.*

49. Patient 2166: ROOSEVELT #Teil1

ROOSEVELT DOC, ein Detective hat mich erneut nach dem vermissten Mitarbeiter gefragt.

DOC Fragen?

ROOSEVELT Ja. Ich wurde offiziell von der Polizei verhört. Was ist das? Jetzt Mord?

DOC #Entsetzt.

Sicherlich wurde niemand ermordet. Es ist undenkbar!

#Die Idee eines Mordes scheint in DOCs Kopf zu schwingen. Seine Verwirrung ist noch für mehrere Stunden in seinem Gesicht zu sehen. DOC kann nicht richtig arbeiten oder funktionieren.

49. Patient 2366: G#Gs Gedanken @Ende/1

G *#G sitzt bereits im Interviewraum und wartet auf DOC, der sich etwas verspätet hat. Es scheint eine Wartezeit von 66 Sekunden zu geben, bis DOC endlich auftaucht.* Hey, DOC! Heute morgen spät?

DOC Entschuldigung G. Ich wurde von der Polizei wegen eines weiteren vermissten Mitarbeiters befragt. Wurden Sie von jemandem befragt?

G Noch nicht. Warum sollte ich verhört werden?

DOC Sie verhören alle. Es ist Routine.

G Die Polizei liegt immer falsch. Sie stellen nie die richtigen Leute in Frage.

DOC Die richtigen Leute?

G Der Mörder

DOC Mörder?

G Ich habe gehört, es war ein Mord...

DOC *#DOC wird immer verwirrter.*

G Nun, Vermisste werden normalerweise ermordet, nicht wahr?

DOC Denke ich.

49. Patient 2166: ROOSEVELT #Teil 2

ROOSEVELT Hey, DOC! Noch eine vermisste Person? Was ist los?

DOC Ja, weg!

ROOSEVELT Ich wünschte, sie würden aufhören, mich zu befragen. Heute Morgen haben sie es wieder getan. Bei der ersten vermissten Person glauben sie, dass es sich um einen Mord und einen Einheimischen handelte.

Lokales DOC?

#DOC scheint erneut von tiefer Verwirrung gelähmt zu sein, unfähig zu verstehen, was vor sich geht.

50. Patient 2166: ROOSEVELT

ROOSEVELT Sie haben die Leiche der vermissten Krankenschwester gefunden

DOC Variante?

ROOSEVELT Ja. Hast du nicht gehört?

DOC Nr. Ich hatte zu viel Papierkram zu erledigen und neue Patienten zu sehen.

ROOSEVELT Sie wurde im Heizungskeller gefunden.

DOC Der... der Heizungskeller?

ROOSEVELT Ja. Sie wurde anscheinend erstochen, aber ich habe nicht viele Details.

DOC Welches Grauen!

ROOSEVELT Ja. Ich denke, sie werden bald weitere Details veröffentlichen. Unterdessen läuft die Suche nach dem anderen vermissten Mädchen weiter.

DOC Ja, aber ich dachte, sie wäre eine Ergotherapeutin

ROOSEVELT Die vermisste Krankenschwester?

DOC Ja. Ich meinte die andere vermisste Person

50. Patient 2366: G#Gs Gedanken @Ende/2

DOC G, gibt es noch etwas, das Sie mir sagen möchten?

G Auf was?

DOC Über die Stimmen, die Sie zu hören scheinen. Sagen sie etwas?

G Sie sagen immer etwas...

DOC Über das, was Sie tun müssen?

G Ja

DOC Was haben sie dir in letzter Zeit gesagt?

G Jemandem eine Lektion erteilen.

DOC Eine Lektion?

G Eine Lektion in guten Manieren für jemanden, der „T" nicht respektiert!

DOC *#Ich bin mir nicht sicher, ob er richtig gehört hat.*

Was haben Sie gesagt?

G Ich habe nicht viel gesagt. Jedenfalls ist jetzt Schluss!

DOC *#DOC erkennt etwas, kann aber nicht herausfinden, was es ist.*

51. Patient 2166: ROOSEVELT

ROOSEVELT Es wird wirklich wolkig langsam hier. Einer läuft im Zentrum herum und Gerüchte sind weit verbreitet!

DOC Wirklich?

ROOSEVELT Gerüchten zufolge ist er einer der Patienten des Zentrums

DOC Wirklich?

ROOSEVELT Aber andere Gerüchte widersprechen dem. Sie sprechen über einen eifersüchtigen Freund.

DOC Ich verstehe.

51. Patient 2366: G#Gs Gedanken @Ende/3

DOC G!

G DOC!

DOC Bist du im Morgengrauen gekommen?

G Ja, du scheinst heute Morgen besser zu sehen als die anderen

DOC Die anderen?

G Die Polizei! Sie haben allen Fragen gestellt, seit die Morde begonnen haben, aber mich haben sie nie befragt.

DOC Hast du ihnen etwas zu sagen?

G Man weiß nie!

DOC *#Er ist sehr instabil und bewegt sich auf seinem Stuhl herum.*

Du kennst Polizisten: Sie sind wie Psychiater, sie wissen nie etwas! *#Shoot DOC ein breites Lächeln.*

DOC *#DOC zwingt sich zu einem kleinen Lächeln. Sichtlich erschüttert. DOC versteht nicht. G macht Witze und scheint etwas zu verursachen, aber zu welchem Zweck ist DOC nicht klar.*

52. Patient 2166: ROOSEVELT

ROOSEVELT DOC!

DOC Herr Roosevelt!

ROOSEVELT Endlich. Es ist Zeit. Ich sage Ihnen, die Situation wird wirklich unerträglich!

DOC Was ist das Problem?

ROOSEVELT Was ist los? Sie fanden die Leiche. Er war Krankenschwester. Sein Gesicht wurde komplett verstümmelt, möglicherweise mit einem großen Küchenmesser.

DOC Oh mein Gott!

ROOSEVELT Ja. Sie fanden die Leiche in den Sümpfen in der Nähe des Parks

DOC Wer würde so etwas tun?

ROOSEVELT Deshalb ermitteln sie, und deshalb wurde ich heute Morgen erneut verhört.

DOC Es tut mir so leid

ROOSEVELT Wurden Sie verhört?

DOC Noch nicht, nein!

52. Patient 2366: G#Gs Gedanken @Ende/4

DOC Hallo G!

G Ja. Sehr schöner Tag, da bin ich mir sicher!

DOC Wie sieht es mit Ihren Stimmen aus?

G Die Stimmen? Sie sind immer noch da; etwa ein paar hundert.

DOC Ein paar hundert>

G Ja und wächst. Gerade jetzt haben sie eine große Konferenz.

DOC Eine Konferenz?

G Ja. Alle jaulen. Sie müssen Entscheidungen treffen.

DOC Welche Entscheidungen?

G Sie müssen über meinen nächsten Schritt
entscheiden

DOC Ihr nächster Schritt?

G Ja. Jemand muss es mir sagen.

DOC UND G *#Sie sehen sich beide 66 Sekunden
lang an. Beide regungslos, ohne richtigen Ausdruck
auf ihren Gesichtern, versuchten sich einander
vorzustellen.*

53. Patient 2366: G

G *#An diesem Morgen scheint G in seiner
labyrinthischen Welt der Schichten verloren zu sein.*

DOC Hallo, G!

G Hmm?

DOC Hallo, G!

G Hallo, DOC!

DOC *#Alles natürlich. Hörst du noch Stimmen?*

G Nein, ich krieche in meinem Kopf; eine Art fad
zufälliger Schrei. Es ist schrecklich.

Es gibt ein dumpfes Geräusch oder mehr oder
weniger wie ein Pochen, eine Art Herzschlag für ein
paar Sekunden, dann hört es für ein paar Sekunden

auf und beginnt dann in regelmäßigen Abständen wieder.

Normalerweise ist mein Gehör in diesem Fall ein paar Geräusche tiefer und meine Ohrläppchen sind alle blockiert.

DOC Es tut mir wirklich leid...

G Ich wette, Sie sind. Ich muss jetzt sowieso gehen. Im Park bin ich besser dran. Der Lärm steigt.

DOC Sehr gut.

53. Patient 2166: ROOSEVELT

DOC Herr Roosevelt, haben die Stimmen Sie weiterhin gerufen?

ROOSEVELT Die Stimmen rufen mich weiterhin an und sie sprechen immer zu mir. Sie leiten mich, aber ich weigere mich, sie zu berücksichtigen.

DOC Hast du wirklich das Gefühl, dass mehr als eine Stimme nach dir ruft?

ROOSEVELT Ja, da drüben sind die ganzen Vereinten Nationen! Sie alle streiten und widersprechen sich gleichzeitig.

DOC Kannst du sie auseinanderhalten?

ROOSEVELT Wenn ich damit anfange, werde ich nie in der Lage sein, gegen „T" zu kämpfen! Aber ja. Ich kann: bis jetzt kann ich fast 100 zählen; Ich habe bei 66 aufgehört zu zählen, aber es gibt noch viele mehr, aber ich habe aufgehört, sie an dem Tag zu isolieren, an dem ich beschlossen habe, „T" zu ignorieren.

DOC Wie erfahren Sie die Anzahl der Stimmen?

ROOSEVELT Sie tauchen immer irgendwann auf, einer nach dem anderen. Immer in definierten Schichten von der Nordhalbkugel zur Südhalbkugel.

DOC Und Stimmen könnten nicht nur Geräusche sein?

ROOSEVELT Nein, Stimmen, echte Stimmen!

54. Patient 2366: G

G Oh, DOC!

DOC Was ist los, G?

G Da ist immer noch dieses dumpfe und kontinuierliche Geräusch …

DOC Ich verstehe.

G Siehst du? Sie sehen nichts, DOC! Sie sehen nie etwas DOC! Du siehst nicht einmal, was mit dir passiert. Ich versuche hier nur, dich zu beschützen!

DOC *#DOC geriet plötzlich in eine Art Krampf. Gs letzte Bemerkung ließ ihn erschaudern. Er weiß immer noch nicht, was genau G meint.*

G *#G verlässt den Raum.*

54. Patient 2166: ROOSEVELT

DOC UND ROOSEVELT *#Mr Roosevelt ist heute Morgen sehr spät dran: DOC wurde sehr ungeduldig. Mr. Roosevelt eilt außer Atem in den Vernehmungsraum.*

DOC Ach! Herr Roosevelt! Ich habe mich gefragt, was mit dir passiert ist!

ROOSEVELT Entschuldigung, DOC. Ich wurde erneut von der Gestapo verhört.

DOC Entschuldigung?

ROOSEVELT Die Polizei! Sie erzählen mir ch habe nicht nach der neuen vermissten Person gefragt.

DOC *#Sehr besorgt. Eine andere Person?*

ROOSEVELT Ja, DOC. Eine andere Person!

DOC *#Cel ihm Unfähig zu antworten. Er fing an, sich am Bart zu kratzen.*

ROOSEVELT DOC, Ich muss schnell ins Badezimmer. Wir müssen dieses Interview verschieben, tut mir leid.

ROOSEVELT UND DOC *#Mr Roosevelt verlässt den Interviewraum. DOC wird 66 Sekunden völlig verwirrt allein gelassen. Er kann nicht verstehen, was passiert.*

55. Patient 2166: ROOSEVELT

DOC *#DOC überfliegt seine Notizen und kratzt sich alle paar Sekunden am Bart.*

ROOSEVELT Sagen Sie mir nicht, Sie hätten es nicht gehört, DOC?

DOC Was ist jetzt passiert?

ROOSEVELT Das ganze Zentrum ist im Chaos und die Außenwelt auch: Meine Freundin rief mich auf meinem Handy an und erwähnte kurz die 3 Morde im Zentrum. Sie weiß nicht, dass ich hier bin, und ich hätte beinahe gesagt, dass ich hier bin.

DOC 3-Morde?

ROOSEVELT Ja, die Morde. Sie fanden die vermisste dritte Krankenschwester. Eine

Krankenschwester in den Zwanzigern: Sie mussten letzte Nacht die Sümpfe trockenlegen. In welcher Welt lebst du in DOC? Sie scheinen überhaupt nicht zu bemerken, was im Zentrum vor sich geht.

DOC Es tut mir leid. Ich war in letzter Zeit ziemlich mit einigen Dokumenten beschäftigt. 3 Morde jetzt ...

ROOSEVELT Ja. Es scheint unmöglich. Meine ganze Sicht auf die Dinge scheint sich geändert zu haben.

DOC Was ändert sich?

ROOSEVELT Die Morde!

DOC *#DOC kann nicht verstehen, was Herr Roosevelt meint*

ROOSEVELT *#Mr Roosevelt kann die Unordnung von DOC sehen*

Morde lassen Sie über Leben und Tod nachdenken, DOC. Über das Leben: will gegen „T" kämpfen!

Ja. Ja, ich denke schon.

55. Patient 2366: G#Gs Gedanken @Ende/5

G UND DOC *#G ist heute Morgen spät dran und DOC beginnt zu zappeln und kratzt sich heftiger als sonst am Bart.*

DOC *#DOC ist in letzter Zeit sehr nervös und ängstlich und sein Gesicht ist etwas zerzaust: Selbst durch seinen dicken schwarzen Bart, der seit Beginn der Morde stetig gewachsen ist, ist um seine Augen herum deutlich zu erkennen, dass er von zu vielen schlaflosen Nächten völlig erschöpft ist.*

Man muss sich der Situation stellen. In diesem Zustand kann man dem Tod nicht ins Gesicht sehen!

DOC Dem Tod entgegen? *#Seine linke Hand begann leicht zu zittern.*

G Ja, DOC! Schon 3 Tote! Es ist noch nicht das Ende der Welt!

DOC *#DOC ist zutiefst schockiert über das Ausmaß von Gs Entschlossenheit, sich wieder dem Leben zu stellen. Die 3 Morde scheinen ihn neu belebt zu haben.*

G UND DOC *#G wirft ein spontanes Siegeslächeln auf und DOC ist wieder 66 Sekunden lang völlig gelähmt, wie gelähmt und unfähig zu verstehen, ob etwas passiert ist.*

56. Patient 2366: G

G Hallo DOC! Noch eine Woche wie diese und du kannst deinen Bart wie ein Handtuch benutzen.

Ja. Entschuldigung: Ich muss mich rasieren, nicht wahr? Ich habe einfach keine Zeit gefunden.

G   Es lässt Sie klüger aussehen

DOC   *#Erzwingt ein Lächeln. Vielen Dank.*

G   Gerne!

DOC   Also, G: hast du in letzter Zeit irgendwelche anderen Ratschläge bekommen?

G   Führung?

DOC   Stimmen?

G   Ja Mann, die ganze Zeit. Ich verstehe nur nicht immer, was sie sagen.

DOC   Woher weißt du, was sie sagen, ist richtig und wahr?

G   Ich weiß, dass es wahr ist, wenn sie Dinge zu mir sagen. Ich weiß das, weil die Stimmen in mir sind. Stimmen sind „T". Sie können nicht mehr Recht haben als „T"!

DOC   „T" hat immer recht?

G   „T" hat immer recht. Er weiß alles. Er weiß alles durch dich, DOC! #Erzwingt ein kleines Lächeln.

DOC   *#DOC zwingt sich, zurück zu lächeln.*

56. Patient 2166: ROOSEVELT

DOC *#DOC ist bereits im Vernehmungsraum und wartet gespannt auf Mr. Roosevelt, während er seine Papiere nachfüllt.*

ROOSEVELT Ein neuer Mord wurde bekannt gegeben

DOC Noch eins? #Beide Hände zittern, gefolgt von einem krampfhaften Zittern durch seinen Körper.

ROOSEVELT Sanft, DOC. Ich bin nicht der Mörder. Aber im Zentrum läuft immer ein Verrückter herum, und wenn die Bullen nicht finden können, wer es ist, sind wir vielleicht die Nächsten!

DOC Der nächste?

ROOSEVELT Ja, DOC! Der nächste!

DOC *#DOCs Gesicht wird rot und er beginnt stark zu schwitzen.*

ROOSEVELT DOC, geht es Ihnen gut?

DOC Ähm, ja. Entschuldigen Sie mich? Ich muss auf die Toilette. Vielen Dank.

#DOC steht auf und stürmt aus dem Vernehmungsraum.

57. Patient 2366: G#Gs Gedanken @Ende/6

G 4 tötet bisher DOC!

DOC 4? Nicht 2?

G Nein, nur 4. Dies ist die endgültige Zählung

DOC "Nur"? Was willst du sagen? Hast du mehr erwartet?

G Nun, ich dachte, es wären insgesamt 6 Morde. Aber es kann trotzdem passieren...

DOC 6?

G Ja, mein Mann. „T" hat es mir gesagt.

DOC *#DOC wird wieder von Angst verklärt. Er legt den Kopf in den Nacken und erbricht an die Wand.*

G Oh Mann. Was ist dein Problem? Kannst du dem Tod nicht wie ein Mann begegnen?

DOC *#DOC kann nicht sprechen. Er verlässt den Vernehmungsraum im Handumdrehen.*

57. Patient 2166: ROOSEVELT

ROOSEVELT Da ist ein Mörder auf freiem Fuß und ich bin immer noch ein Mordverdächtiger. Ich habe wirklich genug. Ich kann nicht einmal gehen, selbst wenn du mich lässt.

DOC Das alles tut mir wirklich, wirklich leid. Ich glaube nicht, dass es länger als eine Woche dauern wird. Ich selbst wurde heute Morgen von der Polizei verhört.

ROOSEVELT Sie können doch kein Mordverdächtiger sein?

DOC Sie behandeln jeden wie einen Verdächtigen. Jeder, der möglicherweise in engem Kontakt mit den Opfern stand.

ROOSEVELT UND DOC *#Alle verwirrt.*

DOC Mein Gott! *#Kratze seinen Bart.*

ROOSEVELT Ja!

58. Patient 2166: ROOSEVELT

ROOSEVELT Wer, glaubst du, hätte die Krankenschwestern ermordet?

DOC Keine Ahnung

ROOSEVELT Keine Ahnung?

DOC Nein, aber es ist wichtig, dass die Morde Ihre Genesung in keiner Weise beeinträchtigen.

ROOSEVELT Glaub mir. Ich bin entschlossener denn je, diesen Ort zu verlassen und in meinem Leben erfolgreich zu sein. Daran wird kein Mörder etwas ändern.

Gut. Sehr gut. Das freut mich sehr. Äh danke.

ROOSEVELT Ja. Danke, Doktor!

ROOSEVELT UND DOC #*Sie stehen beide auf und verlassen gemeinsam den Vernehmungsraum. Mr. Roosevelt lädt DOC ein, zuerst zu gehen, und folgt ihm kurz darauf.*

58. Patient 2366: G

G Hey, DOC! Wann wirst du diesen Bart rasieren? Ich kann draußen Pilze wachsen sehen!

DOC Es tut mir wirklich leid. Ich werde es tun. Es war ein sehr schwieriger Monat.

D Schwierig? Viel Arbeit?

DOC Nun ja, und die Morde...

G Oh ja. Morde. Aber die Morde sind begangen worden; es ist jetzt vorbei.

DOC Sie sind Menschen und Kollegen. Ich kannte sie nicht persönlich, aber das ist kein Grund. Außerdem läuft immer noch ein Mörder herum...

G Darf es Ihnen etwas ausmachen, DOC?

Ja. Ich kann getötet werden!

G Ja, DOC! Sie können getötet werden! Aber Sie wurden noch nicht getötet, oder?

DOC Äh … nein

G Machen Sie sich also keine Sorgen. Genieße das Leben, solange du noch lebst! #G beendet seinen Satz mit seinem üblichen gewinnenden Lächeln.

DOC UND G *#Diesmal hat DOC ein echtes Problem damit zu lächeln. Er atmet schwer. Er kann nichts aufnehmen. Er kratzt sich am Bart. Nach ein paar Sekunden unerträglicher Qual:*

G *#Er bricht das Schweigen.*

Ich gehe, DOC! Ich versprach, in der Küche zu helfen; Fleisch geschnitten werden.

#G verlässt den Vernehmungsraum und lässt DOC gestrandet und ganz allein 66 Sekunden lang in Stille quälend und schwitzend zurück.

59. Patient 2366: G

G Hallo DOC! Gehen Sie vom Schlechten zum Schlimmeren!

DOC Danke, G!

G   Also... Du bist noch nicht tot?

DOC   Wie? #*Unterbrochen von G.*

G   Ich bin hier nicht sehr glücklich. Ich habe jeden Tag ein Dach über dem Kopf und Essen, aber das, was sie im Park machen, kann ich nicht ausstehen!

DOC   Was machen die im Park?

G   Völkermord!

DOC   Völkermord?

G   Das Massaker der Bäume! Schneiden Sie sie sogar ab, indem Sie die Wurzeln entfernen! Sehr alte Bäume!

DOC   Ich denke, sie müssen die Dinge von Zeit zu Zeit neu ordnen.

G   Neu anordnen? Es ist ein Gemetzel! Früher war dort ein kleiner Wald und jetzt ist es eine Wüste! Einer der Bäume war mindestens 1000 Jahre alt! Gehen Sie so mit den Senioren im Zentrum um? Sie lebten noch. Ohne Bäume existieren wir nicht: Wir können nicht atmen. Sie müssen wissen, Sie sind Wissenschaftler!

DOC   Ich bin Wissenschaftler, aber nicht so ein Wissenschaftler.

G   Ich wusste immer, dass du nie viel wusstest, DOC!

DOC Aber… #*Unterbrochen von G.*

G Ich wette, der Präsident ist für all das verantwortlich!

DOC Präsident?

G Der Präsident der Vereinigten Staaten! Er sollte wegen Hochverrats gehängt werden!

#*Das Fenster war angelehnt und ein starker Wind wehte hinein und wehte alle DOC-Papiere auf den Boden. G hilft DOC beim Aufräumen. Der Wind ist nach wenigen Sekunden verschwunden und DOC schließt das Fenster. Beide verlassen den Raum.*

59. Patient 2166: ROOSEVELT

ROOSEVELT Ich glaube, das größte Übel auf dieser Welt ist Palmöl!

DOC Palmöl?

ROOSEVELT Ja. Sie versuchen, alle damit zu töten.

DOC Wie?

ROOSEVELT Alle Lebensmittel und Kosmetika enthalten dieses Zeug. Es ist billiges Zeug. Es macht fettleibig und Palmöl ist nachweislich krebserregend. Ich dachte, du wärst ein Wissenschaftler, du solltest diese Dinge wissen!

DOC Ich bin nicht so ein Wissenschaftler. Ich bin Psychiater.

ROOSEVELT Nun, DOC! Wenn es nicht das Werk eines Dämons ist, bin ich der Dämon.

DOC Sie?

ROOSEVELT Ja, ich wurde mit dem Zeichen des Teufels geboren. 6. Januar 1966 um 18 Uhr, 6 Minuten und 6 Sekunden nach.

DOC Das sind viele Sechser

ROOSEVELT In der Tat, DOC! Es hätte allerdings schlimmer kommen können

DOC Schlimmer?

ROOSEVELT Ja, es hätte der 6. Juni 1966 sein können: 66 6 dann um 6 Uhr 6 Minuten und 6 Sekunden.

DOC Ich glaube, Sie haben recht. So bleibt euch #Forces ein kleines Lächeln erspart.

ROOSEVELT Ich hoffe es. Zahlen sind seltsame Dinge. Geht es Ihnen gut, DOC?

DOC Ja. Ich denke, das sind sie. Sie definieren uns: Sie sind unser UND.

ROOSEVELT Danke, DOC! Du hast mir gesagt, ich könnte gerettet werden, und doch hast du gesagt, dass sie unsere DNA definieren, also bin ich das Zeichen des Teufels!

DOC Korrektur: Sie sind nicht ganz der Teufel: Sie wurden nicht mit der Nummer 666 geboren. Juni ist. Außerdem haben Sie in "1966" immer "1" und "9" vor der "66". Daher ist nichts zu sehen.

ROOSEVELT Danke, DOC! Es ist eine Erleichterung.

DOC Sie sollten diese Dinge nicht zu viel lesen und es ist nur ein religiöser Aberglaube. Nichts, über das man sich sorgen sollte. Sie können mir vertrauen, ich bin Ihr Psychiater!

60. Patient 2166: ROOSEVELT

DOC *#Nach einem langen Wochenende hat sich DOC verwandelt. Es ist alles erfrischt und neu belebt. Er ist ganz glatt rasiert und schneidet sich sogar die Haare. Sein Haar wuchs so schnell, dass es fast die Länge seines Bartes verlängerte.*

Hallo. Herr Roosevelt!

ROOSEVELT Hallo DOC! Bist du es wirklich? Ich erkenne dich nicht mehr!

DOC Ich hatte Zeit mich auszuruhen...

ROOSEVELT Sie können auch etwas an Gewicht zunehmen. Du bist so dünn...

DOC Ich war schon immer so

ROOSEVELT Wenn Ihnen das recht ist. Ich bin weder dick noch dünn, aber wenn ich aufhöre zu laufen, werde ich anfangen, in meinem Körper an Gewicht zuzunehmen.

60. Patient 2366: G

DOC Hallo G!

G Hallo DOC!

DOC G, Sie haben sich seit Ihrer Ankunft im Zentrum verändert. Ich bin froh, dass du es geschafft hast, etwas an Gewicht zuzunehmen: Du warst so dünn, als du hierher kamst!

G Schau, wer da spricht!

DOC Ja, aber ich war schon immer so

G Ich auch. Bei regelmäßigen Mahlzeiten nimmt man leicht zu. Essen kommt nicht so leicht, wenn man auf der Straße schläft, aber wenn man nichts isst, verhungert man und wird mager. Ich bin froh, dass du diesen Bart endlich abrasiert hast, DOC!

DOC Ja. G, sag mir: hörst du noch Stimmen?

G Ja. Stimmen bewegen sich und navigieren zwischen Ebenen und Ebenen von Stimmen. Sie überlagern sich. Es ist ein Labyrinth aus Stimmen, und irgendwann erhebt sich eine von ihnen über die anderen und gibt den Weg vor.

DOC Stimmen oder Geräusche?

G Es ist ein Geräusch, wenn es nicht spricht, aber wenn es spricht, wird es zu einer Stimme. Im Allgemeinen definieren alle Klänge etwas oder jemanden und bedeuten eine Botschaft.

DOC Eine Nachricht?

G Ein Ruf, ein Wort oder eine Bedeutung.

Der erste Eindruck von DOC #DOC G *war der eines kaputten Obdachlosen, Landstreichers und ein bisschen dumm. Als die Monate vergingen, kam er nicht umhin zu denken, dass unter der Oberfläche ein Mann lauerte, der extrem intelligent und vielleicht zu intelligent für sein eigenes Wohl war.*

61. Patient 2366: G

G Noch fünf Tage, G!

DOC Haben Sie eine Wohnung?

G Ja, DOC. Der Sozialdienst des Zentrums hat etwas für mich arrangiert.

DOC Jobs?

G Ja. Anscheinend muss ich mit dem Sozialamt sprechen.

DOC Wie Sie wissen, kann die Organisation, die dafür bezahlt hat, dass Sie im Zentrum sind, dies nicht mehr tun, aber Sie können mit mir per E-Mail kommunizieren. Es wird nicht für immer sein und die E-Mail-Adresse wird zeitlich begrenzt sein.

G Gut, DOC! Vielen Dank. Für wie lange?

DOC Ich bin mir nicht sicher

G Kann ich entscheiden?

DOC *#DOC verstehe nicht.* Was meinst du?

G Wenn Sie sich nicht sicher sind, weiß ich es vielleicht. Vielleicht weiß es „T".

DOC Nun, es ist definitiv bei „T". Wie lange wird sich „T" manifestieren und wie lange werden Sie in der Lage sein, damit umzugehen.

G Das dachte ich mir

DOC Aber wie gesagt, die Mittel für diese Behandlung sind jetzt begrenzt

G Ich schätze, ich muss warten, DOC!

DOC *#Noch verwirrender.* Ja.

61. Patient 2166: ROOSEVELT

ROOSEVELT Hallo, DOC!

DOC Mr. Roosevelt, Sie scheinen in ausgezeichneter Verfassung zu sein und genauso strahlend.

ROOSEVELT Vielen Dank, DOC!

DOC Wie ich bereits erwähnt habe, endet Ihre Behandlung in 5 Tagen - und weitere vier Tage nach heute - und danach werden wir uns nicht mehr sehen.

ROOSEVELT Niemals?

DOC Nein, ich glaube nicht. Ich bin mit dir so weit gegangen, wie ich konnte. Wir werden für eine Weile in der Lage sein, per E-Mail zu kommunizieren. Also, wenn es etwas mit „T" gibt, kannst du es mir sagen.

ROOSEVELT Vielen Dank, DOC. Es ist unglaublich: Es wurden bereits 61 Interviews geführt. Ich bin mir nicht sicher, ob ich die Welt wiedererkennen werde.

DOC Ich bin mir sicher. Alles wird gut werden.

ROOSEVELT Ich werde diesen Monat meinen Freund heiraten. Wir haben uns dafür entschieden.

DOC Das freut mich sehr zu hören.

62. Patient 2166: ROOSEVELT

ROOSEVELT Ich muss sagen, DOC, dass ich im Moment nur eine milde Klimaanlage höre. Dies ist seit einiger Zeit der Fall.

DOC Das freut mich zu hören

ROOSEVELT Natürlich gibt es Dinge, die ich vermeiden und tun muss.

DOC Wie gehen Sie damit um, wenn Ihnen viele Leute viele Fragen stellen oder Konferenzen abhalten?

ROOSEVELT Das Gleiche, was ich bisher mit Ihnen gemacht habe, DOC! Ich werde alles ignorieren!

DOC Hast du das gemacht?

ROOSEVELT Ja!

DOC Ich dachte, „T" wäre weg

ROOSEVELT „T" wird niemals gehen. Aber ich kann es ignorieren. Ich kann mit dir kommunizieren, mit dir reden und dich trotzdem ignorieren. Ich kann „T" jetzt besser ignorieren als je zuvor!

DOC Freut mich, das zu hören, Mr. Roosevelt!

62. Patient 2366: G

DOC Ich hoffe, Sie ignorieren Ihre Stimmen, jetzt G

G Meine Stimmen ignorieren?

DOC „T" ignorieren.

G Ich könnte „T" nie ignorieren. „T" ist ein Teil von mir.

DOC Ich dachte, "T" wäre ein Problem.

G Ich muss „T" hören, sonst komme ich nicht durch den Tag.

DOC Ich hoffe, "T" wird Ihnen Ratschläge geben, wie Sie mit anderen Menschen umgehen können

G Ich habe kein Problem mehr: Ich sage jedem, was ich denke, wenn Dinge gesagt werden müssen

DOC Ich denke nicht, dass das angemessen ist. Menschen sind, was sie sind; sie können dich missverstehen, sie haben vielleicht ein Problem damit, dich zu verstehen, sie sind vielleicht krank. Es besteht kein Grund, zu irgendjemandem unhöflich zu sein.

G Ich bin nie unhöflich zu jemandem. Aber es gibt keinen Grund, warum irgendjemand diese Menschen leiden muss und ihnen nicht sagen muss, welchen Schaden sie sich selbst und mir und anderen

Menschen zufügen, indem sie so hirnlos sind, dass ich die ganze Welt für dumm halte. Und diese Leute müssen damit umgehen. Sie müssen sich sogar ihrem eigenen Tod stellen.

DOC Ich bin mir nicht sicher, was Sie sagen

G Ich sage, sie müssen sich den Dingen und ihrem eigenen Tod stellen. Sie müssen mit ihrer Dummheit und dem Schaden, den sie anrichten, konfrontiert werden. Es gibt nie eine Ausrede, dumm zu sein.

DOC G, Sie können niemanden töten, weil die Person dumm ist. Sonst gäbe es nicht mehr viele Menschen auf dem Planeten.

G Nr. Aber sie müssen für ihre Taten zur Rechenschaft gezogen werden. Jemand muss ihnen sagen, warum sie sterben werden.

DOC Jemand wird irgendwann in seinem Leben sterben!!

G Ja. Jeder: jeden Alters, aber es ist ein natürlicher Tod. Aber wenn sie ihren eigenen Körper oder andere Menschen durch ihre eigene Dummheit missbraucht haben, müssen sie wissen, warum sie sterben oder warum sie sterben werden. Offen gesagt, DOC, Sie sind wie ein schlechtes Computerspiel. Aber wie bei allen elektronischen Spielen kann es nur einen Gewinner geben.

DOC *#runzelt die Stirn und kratzt sich am Haar.*

G Oder nicht... Je nachdem, wie es sich entwickelt, und das ist schon beängstigend: Bei einem elektronischen Spiel kann es nur einen Gewinner geben, aber der Gewinner wird danach immer mindestens einmal verlieren, sodass der Gewinner am Ende ein Verlierer sein kann.

DOC *#DOC dachte, dass all die Verwirrung, die G verursachte, mit dem letzten Kill verschwunden war. Er ist derzeit ratloser denn je. Er zwingt sich zu einem schüchternen Lächeln.*

G *#Smile wurde von G übernommen und G gibt seinerseits sein sprichwörtliches Siegeslächeln zurück.*

63. Patient 2166: ROOSEVELT

ROOSEVELT *#Das Interview läuft nicht sehr gut. Mr. Roosevelt schreit, unfähig, seine Nerven zu kontrollieren.*

DOC *#DOC ist fassungslos und versteinert, unfähig, sich zu bewegen, er glaubte fest daran, dass Mr. Roosevelt in den letzten Monaten zu einer starken Figur geworden war. DOC ist völlig verstört: Er kann sich nicht vorstellen, dass Mr. Roosevelt so schwach* sein könnte oder diesen gelegentlichen Moment der Schwäche haben könnte.

DOC UND ROOSEVELT *#Roosevelt's Howl dauert 66 Sekunden, es ist ein absolut schrecklicher Anblick.*

DOC Gesicht wird rot: ein ungläubiger Glaube wurde in wenigen Augenblicken erschüttert. Könnte es sein, dass er seinen Patienten in irgendeiner Weise im Stich gelassen hat? Ein Gefühl des Zweifels lässt nach. Welcher seiner beiden Patienten ist derzeit gescheitert?

ROOSEVELT UND DOC *#Mr Roosevelt erlangt langsam die Kontrolle über sich selbst zurück, aber ein paar Tränen fließen immer noch über sein Gesicht. Er signalisiert DOC, indem er mit der Hand winkt, dass es nicht der richtige Zeitpunkt ist, steht auf und verlässt den Raum, wobei er DOC und sich selbst zurücklässt, traumatisiert von dem, was er gerade gesehen hat.*

63. Patient 2366: G

G DOC!

DOC G, wie sind die Stimmen heute?

G Meine Stimmen? Es ist sehr nett von Ihnen, sich Sorgen zu machen. Ich werde erfreut sein.

DOC Was ich meinte, sind sie stabil, durchschnittlich oder höher?

G Stabil und auf durchschnittlichem Niveau

DOC Warst du in letzter Zeit auf niemanden böse?

G Wütend

DOC Verärgert oder wütend?

G Nr. Nur der übliche Ärger mit manchen Leuten am Telefon. Routine.

DOC Sie dürfen sich nicht ärgern. Du musst Stärke zeigen. Ich kann deinen Frust verstehen. Lassen Sie sich nicht überwältigen! Manche Menschen sind so, wie sie sind, es ist nicht ihre Schuld; diese nicht, was ihnen beigebracht wurde, wie sie ausgebildet oder so geboren wurden.

G Oh, ich weiß, DOC! Keine Sorge. Ich sorge nur dafür, dass sie wissen, wo ich stehe und wo sie stehen, aber ich werde nie sauer. Ich verliere nie die Fassung auf diese Weise, es würde eine Schwäche in mir zeigen.

DOC Das freut mich zu hören

64. Patient 2166: ROOSEVELT

DOC Herr Roosevelt!

ROOSEVELT DOC, ich muss mich wirklich für meinen Ausbruch gestern entschuldigen. Es ist nicht ich. Es hätte nicht passieren dürfen. Ich wünschte, das wäre nie passiert und es würde nie wieder passieren. Sie beachten mein Wort!

DOC Herr Roosevelt. Es war alles natürlich. Es passiert. Wir kennen uns seit mehr als zwei Monaten. Du bist so weit fortgeschritten; es musste passieren und besser hier und jetzt als später im Senat.

ROOSEVELT Ich glaube, Sie haben recht, DOC. Es ist immer beängstigend. Ich habe seit meiner Kindheit nie geweint und noch nie so viel.

DOC Das ist gut für Ihre Nerven, gut für Ihre Augen und Sie setzen gleichzeitig unerwünschte Giftstoffe frei. Denk darüber so.

ROOSEVELT Ich werde es versuchen.

DOC Bitte vergessen Sie diesen Moment.

ROOSEVELT Ich werde es niemals zulassen, aber ich werde versuchen, es zu ignorieren. Danke, Doktor!

DOC....

64. Patient 2366: G

G Hallo DOC! Die Zeit läuft uns davon. Ich werde dich vermissen!

DOC Nein, Sie werden mich nicht vermissen. Du verachtest mich

G Ich hasse dich manchmal, das stimmt, aber ich werde meine Sitzungen vermissen. Ich werde nicht um dich weinen, ob du tot oder lebendig bist, DOC!

#Geben Sie DOC sein Siegeslächeln.

DOC *#Lässt Gs strenger lächeln. G, sag mir: Hast du jemals geweint?*

G Geweint? Wieso den?

DOC Für nichts...

G Als ich ein Kind war, vielleicht ein paar Mal, aber was bringt das? Hast du mir nicht immer gesagt "weitermachen"? „Dinge ignorieren" oder weil „man damit leben muss"? Also, was ist der Sinn des Weinens?

DOC Hast du jemals eine Träne für deine Eltern vergossen, als sie starben?

G Meine Eltern? Sie sind vor Jahren gestorben und sie haben es verdient.

DOC Womit haben sie es verdient?

G Sie haben mich geboren. Denk darüber nach!
Wirklich traurig ist, dass sie starben, ohne zu wissen,
dass sie es verdient hatten. Beide starben an einer
Gasvergiftung.

#Wirft DOC sein Siegeslächeln zu.

DOC *#DOC erwidert kein Lächeln. Er ist
bewegungslos und ohne sichtbare Emotionen; er weiß
einfach nicht, wie er reagieren soll.*

65. Patient 2166: ROOSEVELT

ROOSEVELT Es waren ein paar sehr merkwürdige
Monate hier, DOC

DOC Ich stimme zu

ROOSEVELT Es hat mir wirklich geholfen, meinen
Kopf in Ordnung zu bringen und die Dinge aus
einem anderen Blickwinkel zu sehen, und ich
versuche wirklich, diese schrecklichen Morde aus
meinem Gedächtnis zu löschen, aber sie
verschwinden nicht so leicht.

DOC Es war sehr beängstigend. Ich selbst kann mir
nicht erklären, was passiert ist.

ROOSEVELT So beängstigend. Die Opfer wurden
mit Messern aus der Küche des Zentrums getötet.

DOC Aus der Küche? #Verwirrt Wusste ich nicht.

ROOSEVELT Ja. Einigen Opfern wurden die Ohren abgeschnitten

DOC Oh, nein!

ROOSEVELT Und einem wurde das Auge ausgestochen.

DOC Ich hatte keine Ahnung...

ROOSEVELT Das macht insgesamt 4 Ohren, 1 Nase und 1 Auge ausgerissen; Insgesamt 6 Orgeln.

DOC *#DOC fühlt sich schlecht und versucht sich zusammenzureißen.*

Mein Gott!

ROOSEVELT Ja. Ich hoffe, jetzt, wo ich das alles laut gesagt habe, wird es wirklich aus meiner Erinnerung verblassen. Es funktioniert oft.

DOC *#DOC kann nicht antworten.*

ROOSEVELT Der Mörder muss wirklich verzweifelt gewesen sein.

DOC Verzweifelt?

ROOSEVELT Besessen und sich seiner Taten nicht bewusst.

DOC Ich glaube, Sie haben recht

ROOSEVELT Keine bewusste Person kann ein solches Massaker anrichten!

DOC Nein!

ROOSEVELT Das FBI glaubt, dass die Entnahme der Organe nach dem Angriff erfolgte, also könnten sie bereits tot gewesen sein.

DOC Mein Gott!

ROOSEVELT Ich hoffe, sie haben nicht gelitten

DOC Ja, ein Mörder wird oft von einer Wut überwältigt, die durch bestimmte Ereignisse ausgelöst wird. Ich glaube nicht, dass diese Leute wissen, was sie tun. Sie sind von einer Kraft jenseits ihrer selbst besessen.

ROOSEVELT Ja

65. Patient 2366: G

G Ich vermisse hier wirklich Kaffee bei Starbucks.

DOC Starbucks? Es ist schon eine Weile her, seit du es das letzte Mal erwähnt hast.

G Das ist großartig. Sogar schwarz und besonders schwarz. Ein kurzer Tropfen und Sie können ins Badezimmer rennen und den Platz dort füllen. 2 Kaffees und das sind mehrere Ausflüge auf die

Toilette. Ich muss sagen, dass ich hier etwas hängengeblieben bin.

DOC Es tut mir leid, von Ihren Verstopfungsproblemen zu hören. Ich hatte keine Ahnung, welche Wirkung ein Starbucks-Kaffee haben kann, es ist erwähnenswert für jeden, der eine Diät macht.

G Diät?

DOC Jeder, der versucht, Gewicht zu verlieren

G Die Menschen sollen einfach verhungern oder auf der Straße leben.

DOC Hungern ist schwer!

G Es ist einfach, wenn Sie verzweifelt sind!

DOC Ja, tut mir leid. Starbucks-Kaffee scheint Wir bleiben die beste verfügbare Option. In der Zwischenzeit kann ich vielleicht ein paar Verdauungstabletten organisieren?

G Nein, es ist ein guter DOC. Ich werde bald weg sein.

DOC Ja morgen!

G Ja... *#Aus irgendeinem Grund wirft G DOC sein sprichwörtliches Lächeln nicht zu und beendet die Sitzung, ohne ein weiteres Wort zu sagen.*

66. Patient 2166: ROOSEVELT

DOC Herr Roosevelt!

ROOSEVELT DOC!

DOC Es wurden 66 Interviews geführt!

ROOSEVELT Guter Gott!

DOC Ich glaube, Sie werden jetzt das Zentrum verlassen

ROOSEVELT Ja, endlich

DOC Wir werden uns mit Ihnen in Verbindung setzen. Bitte mailen Sie mir, wenn Sie es brauchen.

ROOSEVELT Keine Fehler, DOC, danke. Es war ein Privileg, Mr. Roosevelt. Vielen Dank.

DOC Gleich!

ROOSEVELT Ich werde dich vermissen!

DOC Ich freue mich darauf, Sie im Senat zu sehen!

ROOSEVELT Danke, DOC!

66. Patient 2366: G

G DOC, ich weiß nicht mehr, was ich sagen soll: Das ist unser letztes Interview

DOC Ja, G!

G 66-Interviews!

DOC Hast du sie gezählt?

G Und wie!

DOC Bist du bereit, dich dem Leben draußen zu stellen, G?

G Ich bin. Mehr als je zuvor. Und Sie DOC? Bereit, Leben und Tod zu begegnen?

DOC *#Verwirrt.* Ja, das glaube ich.

G Freut mich zu hören, DOC!

#Er beendet seine letzte Begegnung mit DOC mit seinem Siegerlächeln.

DOC *#He hat Probleme, zurückzulächeln.*

G Nun, auf Wiedersehen DOC! *#G bietet DOC einen Handschlag an.*

DOC *#Er gibt den Handschlag zurück.*

Danke G. Es war eine Erfahrung!

#Er schaltet zum letzten Mal das Licht im Interviewraum aus.

AKT II: E-MAILS

1. R_ EMPFANGENE E-MAILS Zwischen Mr. Roosevelt und DOC ausgetauschte E-Mails.

2. G_ EMPFANGENE E-MAILS   Zwischen G und DOC ausgetauschte E-Mails.

3. R_ E-MAILS NICHT EMPFANGEN E-Mails von Mr. Roosevelt und DOC gesendet, aber nicht beantwortet.

4. G_ E-MAILS NOT EMPFANGEN E-Mails, die von G und DOC gesendet, aber nicht beantwortet wurden.

1. R_ EMPFANGENE E-MAILS Zwischen Mr. Roosevelt und DOC ausgetauschte E-Mails. R_ Beantwortete E-Mails.

1. R_ Beantwortete E-Mails

DOC Sehr geehrter Herr Roosevelt. Senden Sie mir Ihre Fragen und ich werde versuchen zu helfen.

ROOSEVELT Ich habe keine Fragen.

2. R_ Beantwortete E-Mails

DOC Sie haben noch keinen?

ROOSEVELT Ich denke, es ist ziemlich klar, was hier vor sich geht.

3. R_ Beantwortete E-Mails

DOC Was ist los?

ROOSEVELT Ich bin von einem Dämon besessen.

4. R_ Beantwortete E-Mails

DOC Das ist eine Art, die Dinge zu sehen.

ROOSEVELT Ein ziemlich sicherer Weg. Genau das passiert hier, DOC!

5. R_ Beantwortete E-Mails

DOC Es gibt viele Dinge, die zu Ihrem Zustand geführt haben.

ROOSEVELT Sachen?

6. R_ Beantwortete E-Mails

DOC Symptome…

ROOSEVELT Ja, natürlich. Jemand oder etwas bewegte sich in meinem Gehirn. Sie können es „Symptome" nennen.

7. R_ Beantwortete E-Mails

DOC „T" ist kein ganz neuer Zustand, aber wir haben ihn erst kürzlich als Zustand anerkannt.

ROOSEVELT Früher wurden Menschen in eine Anstalt gesperrt und sie wurden lobotomiert!

8. R_ Beantwortete E-Mails

DOC Das ist nicht wirklich so!

ROOSEVELT Wo sonst? Bereich 51? Oder ist es 61?

9. R_ Beantwortete E-Mails

DOC Wenn Sie Stimmen hören, fragen sich die Leute vielleicht.

ROOSEVELT Ich höre keine Stimme. Die Stimmen sind in meinem Gehirn. Sie hören mich und ich kann sie hören und sie hören mir zu.

10. R_ Beantwortete E-Mails

DOC Diese Stimmen... Was sagen sie?

ROOSEVELT Ich verstehe keine fremden Sprachen!

11. R_ Beantwortete E-Mails

DOC Außerirdische Sprachen?

ROOSEVELT Es ist nicht auf Englisch und es ist wahrscheinlich keine „sprechende" Sprache.

12. R_ Beantwortete E-Mails

DOC OK. Wenn es also keine Sprache ist, ist es dann nur ein Geräusch?

ROOSEVELT Sie wissen sehr gut, dass das Klänge sind.

13. R_ Beantwortete E-Mails

DOC Alles, was Sie hören, ist Klang.

ROOSEVELT Ein Laut wird nicht unbedingt gesprochen und nicht von einem Menschen.

14. R_ Beantwortete E-Mails

ROOSEVELT Der Ton spricht immer und er ist nicht menschlich.

DOC Wie können Sie sagen, dass er oder sie spricht und es nicht menschlich ist?

15. R_ Beantwortete E-Mails

ROOSEVELT Weil dieser Sound ein Weg ist, mich zu führen, mich zu stören und mich jenseits aller irdischen und menschlichen Macht zu bewegen.

DOC Also bist du besessen?

16. R_ Beantwortete E-Mails

ROOSEVELT Ja!

DOC Durch außerirdische Kräfte?

17. R_ Beantwortete E-Mails

ROOSEVELT Ja!

DOC Endlich kommen wir ans Ziel.

18 R_ E-Mails beantwortet

ROOSEVELT Endlich!

DOC Sie haben also kein „T" mehr?

19. R_ Beantwortete E-Mails

ROOSEVELT Das ist genau das, was „T" ist!

DOC Wie ist das „T"?

20. R_ Beantwortete E-Mails

ROOSEVELT Außerirdisch. Etwas jenseits des Menschlichen. Nicht organisch.

DOC Wenn Sie Stimmen hören, könnten Sie für verrückt erklärt werden.

21. R_ Beantwortete E-Mails

ROOSEVELT Ich weiß, und ich bin es nicht.

DOC Ich glaube, Sie haben ein „T"in sich.

22. R_ Beantwortete E-Mails

ROOSEVELT Ich weiß.

DOC Ich bin froh, dass es uns gut geht.

23. R_ Beantwortete E-Mails

ROOSEVELT Womit zufrieden? Ich habe seit einer Woche nicht geschlafen.

DOC Ich kann Ihnen helfen

24. R_ Beantwortete E-Mails

ROOSEVELT Nein danke für die Pillen. Ich will kein kompletter Zombie werden.

DOC Was willst du?

25. R_ Beantwortete E-Mails

ROOSEVELT Ich möchte, dass Sie mich von ihnen befreien, DOC!

DOC Von ihnen?

26. R_ Beantwortete E-Mails

ROOSEVELT Außerirdische Kräfte: „T"!

DOC Es ist ein Zustand, keine Krankheit. Die meisten Menschen werden damit geboren.

27 R_ E-Mails beantwortet

ROOSEVELT Ich weiß nicht, ob ich damit geboren wurde.

DOC Es musste still sein und eine Reihe von Ereignissen könnte dies ausgelöst und verursacht haben.

28. R_ Beantwortete E-Mails

ROOSEVELT Das könnte ich glauben.

DOC Ignoriere es, mach weiter.

29. R_ Beantwortete E-Mails

ROOSEVELT Ignorieren? Eine Autobahn rund um die Uhr in voller Action?

DOC Ignorieren!

30. R_ Beantwortete E-Mails

ROOSEVELT Das ist, was ich tue! Ich versuche es jede Sekunde des Tages, aber es ist immer noch da.

DOC Bemühen Sie sich mehr!

31. R_ Beantwortete E-Mails

ROOSEVELT Stärker?

DOC Stärker!

32. R_ Beantwortete E-Mails

ROOSEVELT Lauter!

DOC Härter als das!

33. R_ Beantwortete E-Mails

ROOSEVELT Und wenn ich Kopfschmerzen habe? Es ist, als hätte ich einen Kater!

DOC Ignoriere es, ignoriere „T"! Nehmen Sie ein Aspirin und vergessen Sie es!

34. R_ Beantwortete E-Mails

ROOSEVELT Es ist immer noch da. Nichts funktioniert.

DOC Nicht trinken!

35. R_ Beantwortete E-Mails

ROOSEVELT Ich trinke nicht!

DOC Woher wissen Sie, was ein Kater ist?

36. R_ Beantwortete E-Mails

ROOSEVELT Ich war einmal jung!

DOC Nicht trinken oder rauchen!

37. R_ Beantwortete E-Mails

ROOSEVELT Wie kann ich mit T rauchen?

DOC Betroffene mit „T" dürfen weder trinken noch rauchen.

38. R_ Beantwortete E-Mails

ROOSEVELT Zum Glück mache ich beides nicht.

DOC „T" ignorieren! Konzentriere dich auf dein Leben!

39. R_ Beantwortete E-Mails

ROOSEVELT Glaub mir, das tue ich, aber es ist immer noch da!

DOC Es wird immer da sein, wenn du es nicht ignorierst! Ignoriere es!

40. R_ Beantwortete E-Mails

ROOSEVELT Das bringt uns wirklich nicht weiter! Es ist, als würde ich mit einem Roboter interagieren. Wir haben das alles schon einmal durchgemacht!

DOC -

41. R_ Beantwortete E-Mails

DOC Irgendeine Antwort? Es bringt uns irgendwo hin. Du hast es bestätigt!

ROOSEVELT Wie konnte ich das bestätigen?

42. R_ Beantwortete E-Mails

DOC Durch Ignorieren.

ROOSEVELT Ich muss. Wenn ich es nicht tue, sterbe ich.

43. R_ Beantwortete E-Mails

DOC Ignoriert es!

ROOSEVELT Ich weiß. Wenn ich es nicht tue, sterbe ich. Es ist der einzige Weg, um zu überleben.

44. R_ Beantwortete E-Mails

DOC Du kannst nicht gegen „T" kämpfen! Achten Sie nicht darauf!

ROOSEVELT Es ist einfacher, wenn man Geld hat, nehme ich an.

.

45. R_ Beantwortete E-Mails

DOC Nr. Es ist dein Wille.

ROOSEVELT Es ist nicht wichtig. Wer nicht arbeiten kann, kann nicht leben!

46. R_ Beantwortete E-Mails

DOC Es ist dein eigener Überlebenswille. Keine Frage des Geldes.

ROOSEVELT Ich glaube nicht. Zum Glück habe ich Geld.

47. R_ Beantwortete E-Mails

DOC Ignorieren Sie einfach „T".

ROOSEVELT Ja, DOC! Vertrau mir! Aber er wird niemals gehen!

48. R_ Beantwortete E-Mails

DOC „T" wird niemals gehen. NOCH NIE!

ROOSEVELT Ich weiß es.

49. R_ Beantwortete E-Mails

DOC Gut

ROOSEVELT Gut?

50. R_ Beantwortete E-Mails

DOC Ja, das ist gut!

ROOSEVELT Es war nicht so gut, als Sie mich Ihrer Klangtherapie unterzogen haben, DOC! Es machte die Sache noch schlimmer: Es verstärkte es, als gäbe es kein Morgen!

51 R_ E-Mails beantwortet

DOC Es war Ihre eigene Wahl!

ROOSEVELT Meine Wahl?

52. R_ Beantwortete E-Mails

DOC DieKlangtherapie war eine Möglichkeit, Ihren Zustand zu lindern. Im Allgemeinen hilft es. Nun, du nicht. Du scheinst ein Ausnahmefall zu sein.

ROOSEVELT Wirklich?

53. R_ Beantwortete E-Mails

DOC Ja! Wirklich.

ROOSEVELT Vielleicht, nur vielleicht, könnten Sie Ihre Nüchternheit ein wenig auf den Kopf stellen, DOC?

54. R_ Beantwortete E-Mails

DOC ....

55. R_ Beantwortete E-Mails

ROOSEVELT Eine gewisse Demut würde nicht fehlen!

DOC ....

56. R_ Beantwortete E-Mails

ROOSEVELT Vielleicht könnten Sie sich ein wenig von Ihrem eigenen Podest herablassen?

DOC ....

57. R_ Beantwortete E-Mails

ROOSEVELT Warum so arrogant sein?

DOC ....

58. R_ Beantwortete E-Mails

ROOSEVELT Du bist ziemlich teuer!

DOC ...

59. R_ Beantwortete E-Mails

ROOSEVELT Das ist genau mein Gefühl!

DOC ?

60. R_ Beantwortete E-Mails

ROOSEVELT Oh, jetzt ein Fragezeichen?

DOC ....

61. R_ Beantwortete E-Mails

ROOSEVELT Sie haben vielleicht „T" gepflanzt, während ich in Ihrem Zentrum war, DOC!

DOC Ich dachte, du hättest es, bevor du kamst?

62. R_ Beantwortete E-Mails

ROOSEVELT Es mag etwas anderes gewesen sein, aber während meines Aufenthalts im Zentrum kam ich an einen Punkt, an dem es kein Zurück mehr gab.

DOC ....

63. R_ Beantwortete E-Mails

ROOSEVELT Ich glaube, Sie sind „T"!

DOC ....

64. R_ Beantwortete E-Mails

ROOSEVELT Wie macht man DOC aus der Ferne?

DOC ....

65. R_ Beantwortete E-Mails

DOC Sind Sie ein Außerirdischer, DOC?

DOC ....

66. R_ Beantwortete E-Mails

ROOSEVELT   Wo sind Sie DOC?

DOC   ....

2. G_ Beantwortete E-Mails Von DOC.

1. G_ E-Mails rantwortete

G Hallo DOC! Hast du Pillen? Ich rauche nicht. Ich kann nicht rauchen, wie du weißt, das scheint fair genug zu sein. Verdammt, wenn ich rauchte, würde der Rauch „T" quälen, und dann würde ich im Gegenzug noch mehr gefoltert.

DOC Ich kann Ihnen keine Medikamente gegen Ihre Krankheit verschreiben.

2. G_ Beantwortete E-Mails

G Was haben Sie für mich, DOC?

DOC Ich bin für Sie da!

3. G_ Beantwortete E-Mails

G Wo?

DOC Hier!

4. G_ Beantwortete E-Mails

G Wie zum Teufel kannst du hier sein, wenn du nicht hier bist?

DOC Bitte nicht fluchen!

5. G_ Beantwortete E-Mails

G Was? Chaos!

DOC Ich bin hier, um Ihnen zu helfen, aber ich kann und werde Ihnen nicht helfen, wenn Sie so mit mir reden!

6. G_ Beantwortete E-Mails

G Na und?

DOC ....

7. G_ Beantwortete E-Mails

G Was bedeutet "...."?

DOC Haben Sie Fragen an mich?

8. G_ Beantwortete E-Mails

G   Hast du eine Freundin?

DOC   Ich bin nicht hier, um private Fragen zu beantworten!

9. G_ Beantwortete E-Mails

G   Sind Sie wirklich bereit für alle DOC-Fragen?

DOC   Ich gehöre ganz Ihnen, Gordon!

10. G_ Beantwortete E-Mails

G   Was ist „T"?

DOC   Sie wissen, was es ist.

11. G_ Beantwortete E-Mails

G   Wer ist „T"?

DOC   Sie können es nicht einstellen

12. G_ Beantwortete E-Mails

G   Er ist kein Mensch?

DOC   Sie können es nicht definieren!

13. G_ Beantwortete E-Mails

DOC „T" ist ein Phänomen, das in Ihrem Gehirn passiert und Sie können sich dessen nur bewusst sein, weil es Geräusche durch Ihre Ohren erzeugt.

G Gut gemacht, DOC! Als ob ich es nicht wüsste. Was ich wissen will, ist: Können Sie ihn töten?

14. G_ Beantwortete E-Mails

DOC Sie können ihn nicht töten.

G Ich kann nicht?

15. G_ Beantwortete E-Mails

DOC Nein!

G „T" bringt mich um.

16. G_ Beantwortete E-Mails

DOC Ja und sehr langsam, wenn Sie es zulassen!

G Ich muss es lassen. Ich habe keine andere Wahl.

17. G_ Beantwortete E-Mails

DOC Im Leben haben wir immer eine Wahl.

G Welche Wahl?

18. G_ Beantwortete E-Mails

DOC Ignoriere es.

G Fuck... Wenn er mich kontrolliert und ich zu Boden falle und mich schreiend und zitternd herumwälze, soll ich ihn ignorieren?

19. G_ Beantwortete E-Mails

DOC Ignorieren!

G Ich erinnere mich sogar jedes Mal, wenn „T" erscheint.

20. G_ Beantwortete E-Mails

DOC Ignorieren!

G Es ist wie im Fernsehen. Sie spielen die gleichen Sendungen in einer Endlosschleife. Die ganze Zeit.

21. G_ Beantwortete E-Mails

DOC Ignorieren!

G Und wie soll ich diesen DOC machen?

22. G_ Beantwortete E-Mails

DOC Denken Sie nicht darüber nach!

G „T" denkt für mich. Es kontrolliert mein Gehirn und meine Gedanken.

23. G_ Beantwortete E-Mails

DOC Ignorieren!

G Es wird schlimmer, wenn ich fernsehe

24. G_ Beantwortete E-Mails

DOC Nicht fernsehen!

G Es ist das Einzige, was ich tun kann.

25. G_ Beantwortete E-Mails

DOC Gelesen.

G Lesen?

26. G_ Beantwortete E-Mails

G Ich kann nicht lesen!

DOC Lerne lesen!

27. G_ Beantwortete E-Mails

G Lernen? Und wer bezahlt mir das Lernen?

DOC Social Security hat dafür ein Programm. Es ist kostenlos.

28. G_ Beantwortete E-Mails

G Verdammt! lesen! Wer will Scheiße lesen?

DOC Es gibt viele gute Bücher.

29. G_ Beantwortete E-Mails

G Gut! Also lies sie mir vor. Und noch etwas: Ich kann nicht arbeiten.

DOC Lernen Sie zu arbeiten.

30. G_ Beantwortete E-Mails

G Arbeiten lernen? Ich weiß, wie man arbeitet, Mann! Ich kann nicht mit "T" in meinem Gehirn arbeiten, das mich die ganze Zeit fickt.

DOC Es tut mir leid, G. Ich meinte...

31. G_ Beantwortete E-Mails

DOC Ignorieren!

G Ich kann nichts tun. Ich kann arbeiten und lesen, aber das einzige, was ich lese, ist so beschissen und ich verstehe nichts.

32. G_ Beantwortete E-Mails

DOC Wanderung!

G Gehen? Auf dem Mond gehen?

33. G_ Beantwortete E-Mails

DOC Nicht auf dem Mond. Auf der Erde.

G Ich habe verstanden. Es war ein Scherz. Sie machen nie Witze, DOC?

34. G_ Beantwortete E-Mails

DOC ....

G "..." Schon wieder?

35. G_ Beantwortete E-Mails

DOC ....

G Wie viel verdienen Sie, DOC?

36. G_ Beantwortete E-Mails

DOC kann ich nicht offenlegen.

G Können Sie mir etwas Geld leihen?

37. G_ Beantwortete E-Mails

DOC ....

G Das Geld wird mir helfen, „T" zu töten!

38. G_ Beantwortete E-Mails

DOC Nein, Geld hilft dir nicht.

G Hasst du mich DOC?

39. G_ Beantwortete E-Mails

DOC ....

G „T" bringt mich um

40. G_ Beantwortete E-Mails

DOC Lass ihn nicht!

G Er wird mich töten!

41. G_ Beantwortete E-Mails

DOC Lass ihn nicht!

G Ich bin schon dabei

42. G_ Beantwortete E-Mails

DOC Ignorieren!

G Fick dich, fick dich!

43. G_ Beantwortete E-Mails

DOC ....

G Sie können dies ignorieren. Ich kann nicht!

44. G_ Beantwortete E-Mails

DOC Sie können!

G Ich kann nicht!

45. G_ Beantwortete E-Mails

DOC Ja, das können Sie!

G „Ja, kannst du"? Was ist das? Eine Anzeige für eine Kaffeemarke?

46. G_ Beantwortete E-Mails

DOC ....

DOC ...

47. G_ Beantwortete E-Mails

G ....?

DOC Ich versuche, auf Ihr Niveau zu kommen!

48. G_ Beantwortete E-Mails

G Was für eine schöne Therapie. Hätte es nicht besser machen können, DOC!

DOC ....

49. G_ Beantwortete E-Mails

G ....

DOC ....

50. G_ Beantwortete E-Mails

G Scheiß auf „T"! Ich kann nicht einmal trinken!
Wenn ich betrunken bin, fange ich an zu schreien

DOC Nicht trinken!

51. G_ Beantwortete E-Mails

G Nicht trinken, nicht ficken! Was sonst?

DOC ....

52. G_ Beantwortete E-Mails

G Ficken Sie, DOC? Als würdest du ein Mädchen
ficken?

DOC ....

53. G_ Beantwortete E-Mails

G Ich dachte, das wäre nicht dein Ding, DOC! Schläfst
du mit Jungs?

DOC ....

54. G_ Beantwortete E-Mails

G Das dachte ich mir!

DOC ....

55. G_ Beantwortete E-Mails

G Könnte"! Ich bin mir nicht sicher, ob das ein Wort ist. Ich habe es während unserer Interviews im Zentrum aufgeschnappt. Sie haben mir dieses Wort gegeben1

DOC ....

56. G_ Beantwortete E-Mails

G DOC?

DOC ....

57. G_ Beantwortete E-Mails

G Ich bin sicher, du bist "T" und du bist derjenige, der mit meinem Gehirn fickt. Ich sollte dich töten!

DOC ....

58. G_ Beantwortete E-Mails

G DOC?

DOC ....

59. G_ Beantwortete E-Mails

G Ich kann nicht glauben, dass Sie es sind, DOC. Du bist nicht da. Du warst nie da!

DOC ....

60. G_ Beantwortete E-Mails

G Es ist zu einfach, nicht zu antworten. Sogar in der Mitte hast du es nie wirklich versucht und du wusstest nie, was wirklich um dich herum vor sich ging. So blind kann man doch nicht sein!

DOC ....

61. G_ Beantwortete E-Mails

G Schweigen ist keine Entschuldigung; Dies ist nur der Anfang des Problems.

DOC ...

62. G_ Beantwortete E-Mails

G Natürlich wird Schweigen für Ihre Handlungen verantwortlich sein, aber Sie müssen sich dem Grund stellen, warum Sie selbst zum Schweigen gebracht werden.

DOC ...

63. G_ Beantwortete E-Mails

G Nach meiner letzten E-Mail mussten Sie sich dem stellen, was Sie getan haben, sonst werden Sie nie erfahren, warum Sie zum Schweigen gebracht werden.

64. G_ Beantwortete E-Mails

G Du hast mir diesen Austausch angeboten, nicht umgekehrt, und doch hast du mich verlassen. Angebot ist Angebot und ich habe Ihr Angebot angenommen!

65. G_ Beantwortete E-Mails

G Ich verliere wirklich die Geduld mit Ihnen, DOC! Sie können mir nicht entkommen, DOC!

66. G_ Beantwortete E-Mails

G Ihre letzten Worte? Ein letzter Gedanke?

AKT III. G: E-MAILS NICHT ERHALTEN

1. G. NICHT EMPFANGENE E-MAILS VON DOC

G Als ich heute Morgen aufwachte, zitterte mein Körper, ich fühlte mich wie Ameisen und Nadeln, und ich fühlte mich wie ein plötzlicher Blutrausch, der sich seinen Weg in mein Gehirn bahnte.

Es ist früher passiert. Mehrmals. Meine Sicht war also verschwommen und meine Augen waren so schwer wie Ziegelsteine.

Vogelgezwitscher kam mir ins Ohr, von innen. Ich saß auf der Bettkante.

Schweigend stand ich bewegungslos da.

Ich habe ein ganzes Orchester von Vögeln gestört, und im Allgemeinen halte ich den Mund, wenn ein Orchester in der Öffentlichkeit spielt. Ich hustete und nieste vielleicht, saß aber schweigend da und hoffte, dass das Geräusch der Stille vergehen würde.

Ich wünschte nur, die Leute würden mich in Ruhe lassen. Ich wünschte nur, „T" würde mich endlich in Ruhe lassen, anstatt ein verdammtes Orchester zu leiten oder nur ein außerirdischer Vortrag darüber zu sein, wie man jemanden am besten aus dem Inneren des Gehirns fickt.

Wir essen den ganzen Tag Scheiße. Uns wird bereits gesagt, was wir tun, was wir sein und sogar denken sollen. Wenn das Gehirn kontrolliert wird, wohin können wir gehen? Weit weg von den Augen der Regierung.

Ich untersuche das Thema noch.

2. G. NICHT EMPFANGENE E-MAILS

G Ich höre eine neue Folge von Polizeisirenen.

Genau wie die Krankenwagen- und Feuerwehrsirenen: Sie durchbohren mein Gehirn. Es ist nicht der Sound selbst, er ist laut genug, aber er ist mehr als stumm. Es ist der Raketenstart, der mir durch den Kopf geht.

Es ist so scharf, dass es in meinem Kopf vibriert und dann höre ich das Geräusch von zerbrechendem Glas. Für jeden Ton einer Sirene löst es das Geräusch von 10 zerbrechenden Gläsern aus und es dauert ein oder zwei Stunden.

Soll ich sie alle verklagen? Verdammte Bullen!

3. G. NICHT EMPFANGENE E-MAILS

G   Ich habe versucht, meine Ohren zu reinigen, konnte aber kein Wattestäbchen finden, also habe ich einen Stift verwendet.

Wenn man darüber nachdenkt, ist das Innere widerlich.

Es ist schlimmer als Scheiße. Zumindest bei Scheiße will man wegen des Gestanks nicht zu genau hinschauen.

Wie auch immer, nachdem ich meine Ohren gereinigt hatte, fühlte ich mich immer noch völlig taub in meinen Ohren.

Ich kann wirklich nichts von draußen hören, sondern nur von drinnen.

Aus meinem Gehirn: Es 166egan mit fließendem Wasser und ging dann allmählich weiter mit einem Jet, der zu tief flog und kurz davor war, in eine Stadt zu stürzen, die mindestens 100 Menschen tötet und 200 verletzt.

4. G. NICHT EMPFANGENE E-MAILS

G   OK, DOC! Was machst du? Was machst du wirklich?

Sie können Ihre Patienten nicht so im Stich lassen!
Wenn ich deine Telefonnummer hätte, könnte ich
dich anrufen OK, DOC! Was machst du? Was machst
du wirklich?

Ich weiß, dass Sie meine E-Mails immer noch
erhalten, da sie nicht zurückgesendet wurden. Sie
könnten tot sein, ich kann es nicht wissen, da Sie nicht
mehr im Zentrum arbeiten.

Komm schon, Doktor! Du kannst ie machen das
besser!

5. G. NICHT EMPFANGENE E-MAILS

G   Regen heute. Ein Regen, der in meinem Gehirn
anhält, aber nicht draußen. Zumindest kann ich den
verdammten Regen draußen nicht hören, nur in
meinem Gehirn. Beides gleichzeitig würde ich nicht
schaffen.

Es gab einen Typen, der heute auf der Straße "diese
Pisse" gesagt hat. „Das kotzt" habe ich noch nie
gehört.

"Das kotzt". Sehr gut!

6. G. NICHT EMPFANGENE E-MAILS

G Ich bin immer noch hier. Der Regen in meinem Gehirn verwandelt sich in eine Art Stimme. Ich kann sie nicht verstehen. Es ist nicht sehr stark, aber es ist immer noch da.

7. G. NICHT EMPFANGENE E-MAILS

G Es regnet immer noch: Verdammt, ich höre jetzt den Regen auf den Straßen und den Regen in meinem Kopf und die Stimmen drinnen werden immer lauter.

Stimmen, die töten. Da sind Stimmen, aber ich kann nicht hören, was sie sagen.

8. G. NICHT EMPFANGENE E-MAILS

G Geräusche im Inneren sind mehr als nur Lärm. „Sie" sind „Stimmen".

9. G. NICHT EMPFANGENE E-MAILS

G Es ist neun Tage her, seit ich von dir gehört habe, und mein Gehirn ist immer noch am Arsch. Wenn mein Gehirn komplett kaputt ist, schicke ich Ihnen eine Rechnung für die Operation. Solltest du nicht mein DOC sein?

10. G. NICHT EMPFANGENE E-MAILS

G   OK, DOC! Wo sind Sie? Verdammt, du bist an einem Strand und hängst mit Huren rum, Jungs in deinem Fall, DOC! Ich bitte Sie nur um eine Antwort!

11. G. NICHT EMPFANGENE E-MAILS

G   Du bist ein verdammter Idiot DOC. Das ist alles, was wir sagen können! Du hast mich immer wieder gefragt, ob ich Angst habe. Angst wovor? Angst vor dir? Warum sollte ich Angst haben? Ich habe keine Angst. Ich bin als solcher nicht verletzt, ich bin noch nicht tot oder in Angst um mein Leben oder in Angst vor dem Tod. Mein Gehirn wird gerade von außerirdischen Kräften angegriffen und niemand kann etwas dagegen tun und niemand wird mir glauben oder mir die Schuld geben.

12. G. NICHT EMPFANGENE E-MAILS

G   Ich korrigiere die E-Mail von gestern: Es gibt keine außerirdischen Kräfte, sondern Geister! Geister in meinem Gehirn, in der Maschine. Außerirdische Kräfte können identifizierbar sein, aber keine Geister. Sie kommen und gehen, diese Kräfte machen, was sie wollen. Ich meine nur, sie ficken mir das Gehirn raus. Deshalb bin ich zu Ihnen gekommen, DOC!

13. G. NICHT EMPFANGENE E-MAILS

G Geister. Das ist, was sie DOC sind, und sie haben ein jährliches Treffen in meinem Kopf. Das einzige verdammte Problem ist, dass das Treffen unerbittlich ist. Letzte Nacht haben sie die ganze Nacht gefeiert. Es war wie auf einer Autobahn und die Geräusche waren wie im Berufsverkehr. Alle ficken in einer großen Orgie mit vielen Drogen und sehr lauter Musik. Mein Gehirn ist so ein schmutziger Ort. Die Musik stinkt: Es sind nur laute Geräusche, aber es ist auch Musik, die die ganze Nacht über dröhnt.

14. G. NICHT EMPFANGENE E-MAILS

G Wie bekomme ich einen Job, wenn in meinem Gehirn so viel Chaos vor sich geht? Ich habe immer noch Geld von einem Überfall, den ich vor ein paar Jahren hatte. Ja, DOC: Sozialhilfe und Arbeit sind vorbei für verkorkste Leute wie mich. Ich kann nicht arbeiten und wenn ich nicht arbeiten kann, wie kann ich mein verdammtes Leben bezahlen? Antworte mir, DOC!

Ich brauche verdammtes Geld! Sie helfen nicht und werden von einer Wohltätigkeitsorganisation für meine Behandlung bezahlt. Sie zahlen die Rechnungen, sie zahlen deine Miete, aber zumindest hast du einen Job. Keine Panik, ich bin nicht süchtig nach Hausbruch. Ich werde es erst wieder tun, wenn das Geld bald aufgebraucht ist. Ich muss es tun, DOC, niemand sonst wird es für mich tun: Ich muss mit meinem Leben bezahlen, DOC!

15. G. NICHT EMPFANGENE E-MAILS

G Dumme reiche Leute kümmern sich nicht darum, ob sie weniger Geld haben. Sie müssen nur mehr tun oder es den Armen stehlen. Also alles gut!

16. G. NICHT EMPFANGENE E-MAILS

G Ich wurde bereits von der Polizei festgenommen und war bereits in mehreren Gefängnissen. 5 Mal seit ich 12 war. Ich schlafe lieber in Gefängnissen als auf der Straße. Reiche Leute, wenn sie betrunken oder bekifft sind, kommen und beschimpfen dich, wenn du auf dem Boden liegst, und sie schlagen dich zu Tode.

Es ist mir einmal passiert. Ich war so verletzt, dass ich auf dem Boden kriechen musste und die Schmerzen und Blutergüsse hielten danach noch ein paar Monate an. Im Gefängnis haben die meisten Menschen eine „T"-Form. Dort ist es auch sehr gewalttätig, aber ich verkehre nie mit jemandem und man muss zu allen nett sein; es ist die einzige Möglichkeit zu überleben und es ist kostenlos. Frei im Gefängnis, frei, um Miete oder mieses Essen zu zahlen. Das Essen ist überall Mist, zumindest im Gefängnis ist es kostenlos.

17. G. NICHT EMPFANGENE E-MAILS

G   Ich habe nicht einmal mehr Hunger. Ich bin so dünn wie ein Fingernagel, ein verdammter Fingernagel. Wie man überlebt? Ich kann nicht schlafen, manchmal esse ich Scheiße und bin doch still aufrecht. Wie geht es Ihnen, Doktor? Ja Sie! Du bist der DOC!

18. G. NICHT EMPFANGENE E-MAILS

G   Wo sind Sie, DOC? Komm DOC! Beantworte meine verdammten alten Schlampen-E-Mails und erwarte keinen Blowjob!

19. G. NICHT EMPFANGENE E-MAILS

G Ich kann jetzt ein paar Worte hören, Stimmen.
Worte, die ich nicht verstehe.

20. G. NICHT EMPFANGENE E-MAILS

G Worte zählen nicht, aber die Geister versuchen
mir etwas zu sagen. Ich weiß, wo sie sind! Ich kann
nicht mehr fortfahren. Ich bin völlig durchgeknallt!

21. G. NICHT EMPFANGENE E-MAILS

G Ich weiß, wo sie sind! Ich kann nicht mehr
fortfahren. Gib mir sechs Jahre. Höchstens sechs Jahre
und ich bin tot. Es ist ein Kampf zwischen zwei
Kräften und es kann nur einen Sieger geben.
Verdammtes Leben! Es kann nur einen Gewinner
geben. Ich bin zu arm und schon zu verkorkst, um zu
überleben.

22. G. NICHT EMPFANGENE E-MAILS

G Ich könnte dich dafür töten, dass du meine E-
Mails ignorierst! Ich kann Ihren **DOC** verklagen und

genug Geld bekommen, um zu überleben, bis "T" mich vollständig umbringt.

23. G. NICHT EMPFANGENE E-MAILS

G Fick dich! Du bist ein Stück Scheiße wie alle anderen Ficker. Du tust so, als könntest du viele Dinge tun, aber die Realität ist, dass du es nicht kannst. Du heilst keine Menschen, du nimmst nur ihr Geld. Das ist Diebstahl. Du bist ein verdammter Verbrecher.

Ich mache das auch, aber zumindest bin ich ehrlich. Ich werde dich töten. Das ist Fakt. Leck mich am Arsch!

24. G. NICHT EMPFANGENE E-MAILS

G "T" ist ein Regierungsinstrument. Wer will Menschen kontrollieren? Fick euch alle!

25. G. NICHT EMPFANGENE E-MAILS

G Ich habe noch nicht entschieden, wie ich Sie töten soll, DOC. Sofortiger Tod oder langsamer Tod? Der langsame Tod wird Wochen dauern. Sag es mir, DOC!

26. G. NICHT EMPFANGENE E-MAILS

G Fuck, sag es mir, bevor ich dich töte. Gib mir eine Antwort! Scheiß, antworte mir!

27. G. NICHT EMPFANGENE E-MAILS

G Du bist tot, ich bin fast tot. Na und?

28. G. NICHT EMPFANGENE E-MAILS

G Ich kann nicht einmal mehr ein Mädchen ficken. „T" ist da: Er sieht mich an und sagt mir, was ich tun soll. Ich weiß, dass er da ist. Er ist da.

29. G. NICHT EMPFANGENE E-MAILS

G Fick dich DOC! Ich habe dich sogar in meinem verdammten Gehirn: Du bist die ganze Zeit in meinem verdammten Gehirn! In meiner verdammten Erinnerung! Ich kann dich und all unsere Gespräche sehen. Den ganzen verdammten Film: jede Sekunde davon. Als wäre es gestern gewesen. Warum ist das so, DOC? Warum, Doktor? Warum hast du mir das angetan? Hast du mein Gehirn geöffnet, während ich in der Mitte geschlafen habe?

30. G. NICHT EMPFANGENE E-MAILS

G   Was haben Sie mir angetan, DOC? Sagen Sie es mir, bevor ich Sie töte, ich werde Sie töten, DOC!

31. G. NICHT EMPFANGENE E-MAILS

G

Ich werde dich töten, DOC!

Ich werde dich töten, DOC!

Ich werde dich töten, DOC!

Ich werde dich töten, DOC!

Ich werde dich töten, DOC!

Ich werde dich töten, DOC!

32. G. NICHT EMPFANGENE E-MAILS

G

Ich werde dich töten, DOC!

Ich werde dich töten, DOC!

Ich werde dich töten, DOC!

Ich werde dich töten, DOC!

Ich werde dich töten, DOC!

Ich werde dich töten, DOC!

33. G. NICHT EMPFANGENE E-MAILS

G

Ich werde dich töten, DOC!

Ich werde dich töten, DOC!

Ich werde dich töten, DOC!

Ich werde dich töten, DOC!

Ich werde dich töten, DOC!

Ich werde dich töten, DOC!

34. G. NICHT EMPFANGENE E-MAILS

G

Ich werde dich töten, DOC!

Ich werde dich töten, DOC!

Ich werde dich töten, DOC!

Ich werde dich töten, DOC!

Ich werde dich töten, DOC!

Ich werde dich töten, DOC!

35. G. NICHT EMPFANGENE E-MAILS

G

Ich werde dich töten, DOC!

Ich werde dich töten, DOC!

Ich werde dich töten, DOC!

Ich werde dich töten, DOC!

Ich werde dich töten, DOC!

Ich werde dich töten, DOC!

36. G. NICHT EMPFANGENE E-MAILS

G

Ich werde dich töten, DOC!

Ich werde dich töten, DOC!

Ich werde dich töten, DOC!

Ich werde dich töten, DOC!

Ich werde dich töten, DOC!

Ich werde dich töten, DOC!

37. G. NICHT EMPFANGENE E-MAILS

G Ich werde sowieso bald sterben, also was zum Teufel?

38. G. NICHT EMPFANGENE E-MAILS

G

Du wirst mich töten.

Du wirst mich töten.

Du wirst mich töten.

Du wirst mich töten.

Du wirst mich töten.

Du wirst mich töten.

39. G. NICHT EMPFANGENE E-MAILS

G

Du wirst mich töten.

Du wirst mich töten.

Du wirst mich töten.

Du wirst mich töten.

Du wirst mich töten.

Du wirst mich töten.

40. G. NICHT EMPFANGENE E-MAILS

G

Du wirst mich töten.

Du wirst mich töten.

Du wirst mich töten.

Du wirst mich töten.

Du wirst mich töten.

Du wirst mich töten.

41. G. NICHT EMPFANGENE E-MAILS

G

Du wirst mich töten.

Du wirst mich töten.

Du wirst mich töten.

Du wirst mich töten.

Du wirst mich töten.

Du wirst mich töten.

42. G. NICHT EMPFANGENE E-MAILS

G

Du wirst mich töten.

Du wirst mich töten.

Du wirst mich töten.

Du wirst mich töten.

Du wirst mich töten.

Du wirst mich töten.

43. G. NICHT EMPFANGENE E-MAILS

G

Du wirst mich töten.

Du wirst mich töten.

Du wirst mich töten.

Du wirst mich töten.

Du wirst mich töten.

Du wirst mich töten.

44. G. NICHT EMPFANGENE E-MAILS

G

Ich werde dich umbringen.

Ich werde dich umbringen

Ich werde dich umbringen.

Ich werde dich umbringen.

Ich werde dich umbringen.

Ich werde dich umbringen.

45. G. NICHT EMPFANGENE E-MAILS

G

Ich werde dich umbringen.

Ich werde dich umbringen

Ich werde dich umbringen.

Ich werde dich umbringen.

Ich werde dich umbringen.

Ich werde dich umbringen.

46. G. NICHT EMPFANGENE E-MAILS

G

Ich werde dich umbringen.

Ich werde dich umbringen

Ich werde dich umbringen.

Ich werde dich umbringen.

Ich werde dich umbringen.

Ich werde dich umbringen.

47. G. NICHT EMPFANGENE E-MAILS

G

Ich werde dich umbringen.

ich werde dich umbringen

Ich werde dich umbringen.

Ich werde dich umbringen.

Ich werde dich umbringen.

Ich werde dich umbringen.

48. G. NICHT EMPFANGENE E-MAILS

G

Ich werde dich umbringen.

ich werde dich umbringen

Ich werde dich umbringen.

Ich werde dich umbringen.

Ich werde dich umbringen.

Ich werde dich umbringen.

49. G. NICHT EMPFANGENE E-MAILS

G

Ich werde dich umbringen.

Ich werde dich umbringen

Ich werde dich umbringen.

Ich werde dich umbringen.

Ich werde dich umbringen.

Ich werde dich umbringen.

50. G. NICHT EMPFANGENE E-MAILS

G

Und dann werde ich tot sein.

Und dann werde ich tot sein.

Und dann werde ich tot sein.

Und dann werde ich tot sein.

Und dann werde ich tot sein.

Und dann werde ich tot sein.

51. G. NICHT EMPFANGENE E-MAILS

G

Und dann werde ich tot sein.

Und dann werde ich tot sein.

Und dann werde ich tot sein.

Und dann werde ich tot sein.

Und dann werde ich tot sein.

Und dann werde ich tot sein.

52. G. NICHT EMPFANGENE E-MAILS

G

Und dann werde ich tot sein.

Und dann werde ich tot sein.

Und dann werde ich tot sein.

Und dann werde ich tot sein.

Und dann werde ich tot sein.

Und dann werde ich tot sein.

53. G. NICHT EMPFANGENE E-MAILS

G

Und dann werde ich tot sein.

Und dann werde ich tot sein.

Und dann werde ich tot sein.

Und dann werde ich tot sein.

Und dann werde ich tot sein.

Und dann werde ich tot sein.

54. G. NICHT EMPFANGENE E-MAILS

G

Und dann werde ich tot sein.

Und dann werde ich tot sein.

Und dann werde ich tot sein.

Und dann werde ich tot sein.

Und dann werde ich tot sein.

Und dann werde ich tot sein.

55. G. NICHT EMPFANGENE E-MAILS

G

Und dann werde ich tot sein.

Und dann werde ich tot sein.

Und dann werde ich tot sein.

Und dann werde ich tot sein.

Und dann werde ich tot sein.

Und dann werde ich tot sein.

56. G. NICHT EMPFANGENE E-MAILS

G TOD. Vielleicht nicht jetzt, aber später. Ich mache keine Vorhersagen, aber sagen wir in etwa sechs Jahren. So lange weiß ich, dass ich überleben werde, und 6 ist meine Zahl.

Du addierst 6 Jahre hinzu, dann hast du das Zeichen des Teufels: "T", und du stehst dem Biest gegenüber und dann tötest du das Biest. Das Problem ist, dass das Biest nicht getötet werden kann, ohne dass ich tot bin, also würde ich „T" töten und gleichzeitig getötet werden. Jetzt kennt jeder T, nur einen Buchstaben, einen einzelnen Buchstaben. Nur T.

57. G. NICHT EMPFANGENE E-MAILS

G

Ich werde T töten.

Ich werde T töten.

Ich werde T töten.

Ich werde T töten.

Ich werde T töten.

Ich werde T töten.

58. G. NICHT EMPFANGENE E-MAILS

G

Ich werde T töten.

Ich werde T töten.

Ich werde T töten.

Ich werde T töten.

Ich werde T töten.

Ich werde T töten.

59. G. NICHT EMPFANGENE E-MAILS

G

Ich werde T töten.

Ich werde T töten.

Ich werde T töten.

Ich werde T töten.

Ich werde T töten.

Ich werde T töten.

60. G. NICHT EMPFANGENE E-MAILS

G

Ich werde T töten.

Ich werde T töten.

Ich werde T töten.

Ich werde T töten.

Ich werde T töten.

Ich werde T töten.

61. G. NICHT EMPFANGENE E-MAILS

G

Ich werde T töten.

Ich werde T töten.

Ich werde T töten.

Ich werde T töten.

Ich werde T töten.

Ich werde T töten.

62. G. NICHT EMPFANGENE E-MAILS

G

Ich werde T töten.

Ich werde T töten.

Ich werde T töten.

Ich werde T töten.

Ich werde T töten.

Ich werde T töten.

63. G. NICHT EMPFANGENE E-MAILS

G Sind Sie noch da, DOC?

64. E-Mail: G. E-MAILS NICHT ERHALTEN

G DOC, bist du jetzt tot?

65. E-Mail: G. E-MAILS NICHT ERHALTEN

G   DOC? Wir alle müssen irgendwann sterben.

66. G. NICHT EMPFANGENE E-MAILS

G   Wir sehen uns in der Hölle, DOC!

Mail zurück an den Absender

Lieferung an folgenden Empfänger hat gescheitert.

-----ursprünglicher Beitrag-----

X--DKIM-Signatur: v=1; a=rsa-sch; c=entspannt/entspannt;

   d=dickhead.com; s=20120113;

   h=mime-version:sender:x-originating-ip:date:x-dick-sender-auth

   :message-id:subject:from:to:content-type:x-gm-message-state;

bh=DFxcm5SqHZMDvG+geuEg71554tTl/04qGk1VFg =;

b=SkTaRFIwl6xJaI6DkGr7dMYMu2koeRn1lxmOWM UZEzJAT6nid4QcOWwM0HJKaSzhDZ

InJ2MAix8/7sg65qkVLeIjCAkBuen0Rpm10FkZK/+Dn
g9V4A/7h7ue3Kib2j

9+RrlPpknL1E+Bsz37CG3HDLnn1c45dy+mulxh1m0i
wCDf2Z1zTV5CBtHxLH

4NGmAV2ADirVnND6A0GkheL68XLfU3Te2xVabFE
eIN0INdX0Nyp09pkooyRH

jS4Iz6lq37r36xpysgPrpgWBZkzpuL3WT1tFpz3mKdp
J9F

URxA==

MIME-Version: 1.0

Empfangen: per 10.204.148.72 mit SMTP-ID
o8mr2926180bkv.127.1339777066763; Freitag,

15. Juni 2012 09:17:46 -0700 (PDT)

Absender: g

Empfangen: von 10.205.26.6 mit HTTP; Freitag, 15.
Juni 2012 09:17:44 -0700 (PDT)

X-Originating-IP: [657]

Datum: Freitag, 15. Juni 2012 17:17:44 +0100

X--Sender-Auth: gH6pp7krxM

Nachrichten-ID: <CuwqJCka+gtjeXSv_jg@dick.com>

Thema: Nachbehandlung

Von: G <g@g>

An: DOC@DOC

Inhaltstyp: mehrteilig/gemischt;
Grenze=0015175cab32248a6d04c285287c

X-Gm-Message-State:
ALoCoQnVt1nBTE8BCDdkh2hjr44uqOD9xJSl

AKT III. ROOSEVELT: E-MAILS NICHT ERHALTEN

1. ROOSEVELT: E-MAILS NICHT ERHALTEN

ROOSEVELT   Ich finde das Alleinsein extrem bedrückend. Alleinsein ist auch ein notwendiges Übel.

Ich kann Menschen nicht ausstehen. Ich hasse Menschen und wenn ich jemanden sehe, ignoriere ich die Person.

Ich ignoriere meine Familie die meiste Zeit und ich habe keine Freunde. So ist es viel einfacher.

Wenn mich ein Blitz trifft, ist der Lärm so unerträglich, dass ich meinen Schmerz nicht verbergen kann und schnell unerträglich werden kann.

2. ROOSEVELT: E-MAILS NICHT ERHALTEN

ROOSEVELT   Alleine ist die Hölle; Er ist dem Tode nahe, aber es ist noch sicherer als in der Nähe eines Menschen zu sein.

Hunde und Katzen kann ich auch nicht ausstehen.

Ich kann niemandem etwas über meinen Zustand sagen. Niemand würde es verstehen. Es ist hoffnungslos.

Vielleicht ist das Gehirn ein Kraftwerk, vielleicht dass es ein neues Wesen ist.

Wenn ja, müssen Sie sich beeilen. Ich kann nicht schlafen oder ich kann das ist der Punkt; Ich schlafe gegen Mitternacht und zu diesem Zeitpunkt bin ich sehr müde, aber ich wache alle zwei Stunden auf und höre Vögel, Vögel in meinem Gehirn.

Ich kann immer noch die Vögel hören und es ist ohrenbetäubend. Was ich nicht gehört habe, sind Neuigkeiten von Ihnen. Ich habe dir ein paar E-Mails geschickt, aber du hast noch nicht geantwortet. Bist du weg?

3. ROOSEVELT: E-MAILS NICHT ERHALTEN

ROOSEVELT Ich würde nicht sagen, dass ich mir Sorgen um Lärm mache, ich mache mir mehr Sorgen darüber, taub zu werden, und ich kann immer noch meine alltäglichen Dinge tun.

Es ist manchmal so ohrenbetäubend. Ich erinnere mich, was du zu mir gesagt hast: "Ich muss weitermachen, ich muss es ignorieren."

Wenn ich weitermachen will, aber nicht schlafen kann, wie zum Teufel soll ich dann tagsüber weitermachen!

Ich bin ganz bei dir. Herr Doc! Ich habe deinen Namen vergessen. Ich nannte Sie DOC und ich nannte Sie nie bei Ihrem richtigen Namen.

Wie heißen Sie? Ihre E-Mail ist nicht aufschlussreich: 666times2@. Es ist kein Name!

Sehen Sie noch andere Patienten?

Warum können Sie nicht auf meine E-Mails antworten? Ich bezahle immer die Rechnungen.

4. ROOSEVELT: E-MAILS NICHT ERHALTEN

ROOSEVELT   Also, wo bist du genau?

Ich habe erwähnt, dass Sie nicht auf meine E-Mails geantwortet haben und dass das Zentrum mir die Behandlung immer noch in Rechnung stellt, aber mir wurde gesagt, dass die Rechnungen für die vorangegangenen Monate seien.

5. ROOSEVELT: E-MAILS NICHT ERHALTEN

ROOSEVELT   Es ist jetzt wie ein Flughafen in meinem Gehirn.

Flugzeuge fliegen, Flugzeuge stürzen ab, Passagiere warten, rennen, schreien, essen, gehen auf die Toilette und sterben

6. ROOSEVELT: E-MAILS NICHT ERHALTEN

ROOSEVELT   Und wo bist du in der Mitte von all dem?

Können Sie mir dieses DOC beantworten? Kannst du wirklich?

7. ROOSEVELT: E-MAILS NICHT ERHALTEN

ROOSEVELT   Ich habe jetzt die Vereinten Nationen in meinem Kopf. Eine Dringlichkeitssitzung, und alle Delegierten streiten und reden gleichzeitig, und es ist unmöglich, sie zu stoppen.

Ich dachte, es wäre Ihre Aufgabe, sie aufzuhalten, DOC! Mein Gehirn ist überrannt und du kannst mir nicht einmal helfen.

8. ROOSEVELT: E-MAILS NICHT ERHALTEN

ROOSEVELT   Ich kann niemandem davon erzählen. Niemand würde mir glauben. Aber die Stimmen sind da; Sie sind definitiv da.

Es ist innerlich so ohrenbetäubend und ich bin schon halb taub!

9. ROOSEVELT: E-MAILS NICHT ERHALTEN

ROOSEVELT Es ist ein Problem, wenn man sich erinnert. Eine Antwort löst normalerweise eine weitere Frage aus.

10. ROOSEVELT: E-MAILS NICHT ERHALTEN

ROOSEVELT Mir war es nie angenehm, Ihre DOC-Fragen zu beantworten, weil ich wusste, dass Sie noch mehr Fragen stellen würden.

Eine Antwort kann ziemlich kompliziert sein und es wird zu lange dauern, sie zu erklären. Fragen sind nutzlos.

11 ROOSEVELT: E-MAILS NICHT ERHALTEN

ROOSEVELT Ich glaube, wie jeder Psychiater, dass Sie zu skeptisch sind und dem Patienten niemals glauben würden. Du zweifelst.

Warum sollte ich zweifeln? Ich bin die Person mit dem Problem, nicht du.

Denken Sie daran: Zweifel zu haben und an Ihren Patienten zu zweifeln, ist ein Problem, also haben Sie Ihrerseits Probleme.

Bei diesem Tempo kann eine Behandlung ewig dauern, und die Probanden geraten an einen Punkt, an dem es kein Zurück mehr gibt, wenn ein Arzt Chemikalien verschreibt.

Es ist ein ziemlich seltsames Konzept: ein Ungleichgewicht des Gehirns mit Chemikalien zu behandeln oder noch schlimmer: eine Operation.

12 ROOSEVELT: E-MAILS NICHT ERHALTEN

ROOSEVELT Wer kann wirklich sagen, wie das Gehirn reagieren wird? T ist nicht psychologisch.

Etwas oder jemand hält Ihr Gehirn in Schach, und wenn Sie nicht wissen, wer oder was es getan hat, ist es fast unmöglich, damit umzugehen. Es ist eine Voraussetzung.

13. ROOSEVELT: E-MAILS NICHT ERHALTEN

ROOSEVELT In der Zwischenzeit ist es der Lärm einer Autobahn in voller Aktion, aber kurz nach der abendlichen Hauptverkehrszeit. Erträglich denke ich, aber dennoch stark genug.

Es ist jetzt wie ein Windstrom. Es ist ziemlich explosiv. Nicht wie ein Ventilator, aber definitiv der Wind.

14. ROOSEVELT: E-MAILS NICHT ERHALTEN

ROOSEVELT Nach meiner letzten E-Mail ist es nicht mehr der Wind. Es ist jetzt ein Taifun. Ja, definitiv ein Taifun. Der Ton kommt aus meinem rechten Ohr. Ich meine, ich hatte immer Probleme, auf mein linkes Ohr zu hören. Manchmal passierte es plötzlich, dann fängt es nach einer Weile wieder an. Dann geht es alle 30 Sekunden an, aus, aus und wieder an.

15. ROOSEVELT: E-MAILS NICHT ERHALTEN

ROOSEVELT Ich lasse mir diesen Wind nicht durch den Kopf gehen; was oder wer auch immer diese Kraft versucht, mein Gehirn zu überwältigen.

Meine gesamte innere Maschine hat die Kontrolle, aber ich werde bei jedem Schritt gegen T kämpfen.

Wenn du dieses Ding gewinnen lässt, bist du total kontrolliert und tot.

16. ROOSEVELT: E-MAILS NICHT ERHALTEN

ROOSEVELT Wind, Wasser und Luft: alle Elemente gehen durch mein Gehirn und mein linkes Ohr, zumindest nicht als physische und organische Kraft, hoffe ich, sondern in Geräuschen und Geistern.

Bevor ich ins Bett gehe, ist es oft eine Explosion, gefolgt von dem Geräusch eines anhaltenden Erdbebens, dicht gefolgt von dem Geräusch eines großen Flusses, der kontinuierlich und gnadenlos bis zu einem Punkt fließt, an dem es kein Zurück mehr gibt.

17. ROOSEVELT: E-MAILS NICHT ERHALTEN

ROOSEVELT Manchmal kann ich Worte schreien hören.

Im Hintergrund höre ich ganze Gespräche. Wer sind diese Leute?

Ich kann es nicht verstehen. Ich kann nicht verstehen, was sie sagen, und ich kann sie nicht hören.

Sie sind einfach da: wie Geister in der Maschine.

18. ROOSEVELT: E-MAILS NICHT ERHALTEN

ROOSEVELT Ich bin offiziell von T besessen und niemand kann etwas dagegen tun. Es gibt keine Gesetze gegen illegale Einwanderer und Geister, die in Ihrem Gehirn hocken.

Ich kann sie nur leiden oder ignorieren. Es ist besser, es einfach "T" zu nennen; es fasst das ganze Problem zusammen.

Ich kann und werde T nicht gewinnen lassen. Es ist T oder ich: Wenn T gewinnt, sterbe ich und wenn T stirbt, gewinne ich. Es ist einfach.

19. ROOSEVELT: E-MAILS NICHT ERHALTEN

ROOSEVELT Und es regnet wieder draußen, also in der realen Welt, auf diesem Planeten, auf dem wir alle leben.

Wenn es regnet, bekomme ich wegen T Kopfschmerzen, die sich tagsüber in eine Migräne verwandeln, wenn die Sonne herauskommt.

20. ROOSEVELT: E-MAILS NICHT ERHALTEN

ROOSEVELT Als ich klein war, wollte ich immer sterben: Ich musste schweigend leiden. Niemand würde es verstehen, es war nur ein Hirngespinst. Ich dachte nicht, dass ich geboren wurde, um Folter zu lieben und mit einem angeborenen Wunsch, gefoltert zu werden.

21. ROOSEVELT: E-MAILS NICHT ERHALTEN

ROOSEVELT Ich weiß, dass Sie glauben, dass Patienten krank und krank und zutiefst beunruhigt sind, und wie erklären Sie, warum wir uns nie dafür entschieden haben, T zu haben, und wahrscheinlich so geboren wurden?

22. ROOSEVELT: E-MAILS NICHT ERHALTEN

ROOSEVELT Ich wurde so geboren. Daran besteht kein Zweifel.

Ich habe es, seit ich denken kann, und seitdem ich von T weiß, erinnere ich mich an alles seit meiner Geburt. Erinnern, wie es war, Erinnern, wie alles begann...

23. ROOSEVELT: E-MAILS NICHT ERHALTEN

ROOSEVELT Ich bin mir meines Zustands in den letzten sechs Jahren bewusst geworden. Es war eine allmähliche Sache.

Ich dachte, ich würde auf meinem linken Ohr taub werden und dann auf beiden Ohren, und es war schließlich keine Taubheit, es war etwas anderes.

Dann hatte ich das gleiche Gefühl wie alle anderen in großer Höhe: Ich war taub, aber als ich flog, schluckte ich und es verschwand.

Aber in diesem Fall hielt die Taubheit tagelang an und dann begann der Lärm allmählich von gelegentlichen Einbrüchen bis hin zu Lärm in der Innenstadt in vollem Umfang.

24. ROOSEVELT: E-MAILS NICHT ERHALTEN

ROOSEVELT Als mir klar wurde, dass ich T hatte, begann ich mich daran zu erinnern und erinnerte mich daran, dass ich schon Geräusche hören konnte, bevor ich ein Kind war.

Ich nahm immer an, dass meine Taubheit auf meine Nebenhöhlen oder eine schlimme Erkältung zurückzuführen war, also nahm ich an, dass es nichts anderes gewesen sein könnte.

In den letzten Jahren wurde ich mir bewusster und davor habe ich es ignoriert, aber es war nicht so stark und laut wie jetzt.

Aber als es außer Kontrolle geriet, wusste ich, dass ich es hatte und wir trafen uns und Sie sagten mir, ich hätte T.

25. ROOSEVELT: E-MAILS NICHT ERHALTEN

ROOSEVELT Ich muss weiter mit T zusammenleben. Hast du mir das nicht immer wieder gesagt? Das ist der einzige Rat, den du mir gegeben hast.

Vielleicht hast du recht. Vielleicht ist das das Einzige, was wir tun können.

Ich kann nicht leben, aber ich kann überleben. Ich würde nicht sagen, dass ich arbeiten muss, da meine Familie mich gut versorgt hat, genug zum Überleben sowieso.

26. ROOSEVELT: E-MAILS NICHT ERHALTEN

ROOSEVELT Ich bin Politiker. Ich möchte ein großartiger Politiker zum Wohle des Landes sein

Mein Ziel ist es, Senator zu werden. Ein republikanischer Senator. Ich kann keiner sein, wenn ich auf T höre. T kontrolliert mich nicht.

Ich werde mich niemals kontrollieren lassen. Ich möchte meine Freundin heiraten und Kinder haben.

Meine Freundin weiß nicht, dass ich T habe. Sie wird es nie erfahren: Ich muss es verstecken.

Ich muss es verstecken. Wer würde jemanden heiraten wollen, der Stimmen hört? Das ist das erste Anzeichen von Wahnsinn.

27. ROOSEVELT: E-MAILS NICHT ERHALTEN ROOSEVELT

Ich muss weitermachen. Ich muss es ignorieren!

Ich muss weitermachen. Ich muss es ignorieren!

Ich muss weitermachen. Ich muss es ignorieren!

Ich muss weitermachen. Ich muss es ignorieren!

Ich muss weitermachen. Ich muss es ignorieren!

Ich muss weitermachen. Ich muss es ignorieren!

28. ROOSEVELT: E-MAILS NICHT ERHALTEN ROOSEVELT

Ich muss weitermachen. Ich muss es ignorieren!

Ich muss weitermachen. Ich muss es ignorieren!

Ich muss weitermachen. Ich muss es ignorieren!

Ich muss fortsetzen. Ich muss es ignorieren!

Ich muss weitermachen. Ich muss es ignorieren!

Ich muss weitermachen. Ich muss es ignorieren!

29. ROOSEVELT: E-MAILS NICHT ERHALTEN
ROOSEVELT

Ich muss weitermachen. Ich muss es ignorieren!

Ich muss weitermachen. Ich muss es ignorieren!

Ich muss weitermachen. Ich muss es ignorieren!

Ich muss weitermachen. Ich muss es ignorieren!

Ich muss weitermachen. Ich muss es ignorieren!

Ich muss weitermachen. Ich muss es ignorieren!

30. ROOSEVELT: E-MAILS NICHT ERHALTEN
ROOSEVELT

Ich muss weitermachen. Ich muss es ignorieren!

Ich muss weitermachen. Ich muss es ignorieren!

Ich muss weitermachen. Ich muss es ignorieren!

Ich muss weitermachen. Ich muss es ignorieren!

Ich muss weitermachen. Ich muss es ignorieren!

Ich muss weitermachen. Ich muss es ignorieren!

31. ROOSEVELT: E-MAILS NICHT ERHALTEN

ROOSEVELT

Ich muss weitermachen. Ich muss es ignorieren!

Ich muss weitermachen. Ich muss es ignorieren!

Ich muss weitermachen. Ich muss es ignorieren!

Ich muss weitermachen. Ich muss es ignorieren!

Ich muss weitermachen. Ich muss es ignorieren!

Ich muss weitermachen. Ich muss es ignorieren!

32. ROOSEVELT: E-MAILS NICHT ERHALTEN

ROOSEVELT

Ich muss weitermachen. Ich muss es ignorieren!

Ich muss weitermachen. Ich muss es ignorieren!

Ich muss weitermachen. Ich muss es ignorieren!

Ich muss weitermachen. Ich muss es ignorieren!

Ich muss weitermachen. Ich muss es ignorieren!

Ich muss weitermachen. Ich muss es ignorieren!

33. ROOSEVELT: E-MAILS NICHT ERHALTEN

ROOSEVELT Ich versuche mir etwas zu sagen, aber ich kann es nicht verstehen und werde es auch nie.

Ich werde mich niemals von T kontrollieren lassen: Ich werde niemals auf T hören. Niemals. Wenn ich das tue, werde ich sterben.

34. ROOSEVELT: E-MAILS NICHT ERHALTEN

ROOSEVELT Ich werde mich nicht umbringen lassen. Wenn ich sterbe, dann weil mein Unterbewusstsein es so will.

Wenn ich lebe, ist es die ultimative natürliche Selbstverteidigung meines Gehirns: der einzige Schutz, den mein Gehirn gegen T: plötzlichen Tod hat.

35. ROOSEVELT: E-MAILS NICHT ERHALTEN

ROOSEVELT Ich will leben, also liegt es an mir, T zu ignorieren und zu bekämpfen, bevor mein Gehirn T und mich dabei umbringt.

36. ROOSEVELT: E-MAILS NICHT ERHALTEN

ROOSEVELT

T wird mich niemals töten!

T wird mich niemals töten!

T wird mich niemals töten!

T wird mich niemals töten!

T wird mich niemals töten!

T wird mich niemals töten!

37. ROOSEVELT: E-MAILS NICHT ERHALTEN

ROOSEVELT Ich kann T auch nicht töten und ich kann nicht zulassen, dass mein Gehirn T tötet. Ich muss weitermachen. Ich muss es ignorieren.

38. ROOSEVELT: E-MAILS NICHT ERHALTEN

ROOSEVELT

Ich muss weitermachen. Ich muss es ignorieren.

Ich muss weitermachen. Ich muss es ignorieren.

Ich muss weitermachen. Ich muss es ignorieren.

Ich muss weitermachen. Ich muss es ignorieren.

Ich muss weitermachen. Ich muss es ignorieren.

Ich muss weitermachen. Ich muss es ignorieren.

39. ROOSEVELT: E-MAILS NICHT ERHALTEN ROOSEVELT

Ich muss weitermachen. Ich muss es ignorieren.

Ich muss weitermachen. Ich muss es ignorieren.

Ich muss weitermachen. Ich muss es ignorieren.

Ich muss weitermachen. Ich muss es ignorieren.

Ich muss weitermachen. Ich muss es ignorieren.

Ich muss weitermachen. Ich muss es ignorieren.

40. ROOSEVELT: E-MAILS NICHT ERHALTEN ROOSEVELT

Ich muss weitermachen. Ich muss es ignorieren.

Ich muss weitermachen. Ich muss es ignorieren.

Ich muss weitermachen. Ich muss es ignorieren.

Ich muss weitermachen. Ich muss es ignorieren.

Ich muss weitermachen. Ich muss es ignorieren.

Ich muss weitermachen. Ich muss es ignorieren.

41. ROOSEVELT: E-MAILS NICHT ERHALTEN

ROOSEVELT

Ich muss weitermachen. Ich muss es ignorieren.

Ich muss weitermachen. Ich muss es ignorieren.

Ich muss weitermachen. Ich muss es ignorieren.

Ich muss weitermachen. Ich muss es ignorieren.

Ich muss weitermachen. Ich muss es ignorieren.

Ich muss weitermachen. Ich muss es ignorieren.

42. ROOSEVELT: E-MAILS NICHT ERHALTEN

ROOSEVELT

Ich muss weitermachen. Ich muss es ignorieren.

Ich muss weitermachen. Ich muss es ignorieren.

Ich muss weitermachen. Ich muss es ignorieren.

Ich muss weitermachen. Ich muss es ignorieren.

Ich muss weitermachen. Ich muss es ignorieren.

Ich muss weitermachen. Ich muss es ignorieren.

43. ROOSEVELT: E-MAILS NICHT ERHALTEN

ROOSEVELT

Ich muss weitermachen. Ich muss es ignorieren.

Ich muss weitermachen. Ich muss es ignorieren.

Ich muss weitermachen. Ich muss es ignorieren.

Ich muss weitermachen. Ich muss es ignorieren.

Ich muss weitermachen. Ich muss es ignorieren.

Ich muss weitermachen. Ich muss es ignorieren.

44. ROOSEVELT: E-MAILS NICHT ERHALTEN

ROOSEVELT

Ich werde den ganzen Weg gehen. Ich werde Senatorin. Ich werde es dir beweisen! Wir sehen uns in sechs Jahren. Sechs ist meine Zahl. Keine Ahnung warum. Das war schon immer so.

Was auch immer ich im Leben mache, Nummer 6 taucht immer auf.

45. ROOSEVELT: E-MAILS NICHT ERHALTEN

ROOSEVELT Wo sind Sie, DOC? Wo sind Sie?

46. ROOSEVELT: E-MAILS NICHT ERHALTEN

ROOSEVELT

Ich habe das Zentrum mehrmals angerufen und sie sind wirklich besorgt. Wo sind Sie?

47. ROOSEVELT: E-MAILS NICHT ERHALTEN

ROOSEVELT

Jedes Mal, wenn ich im Zentrum anrufe, kann ich mich nicht an Ihren Namen erinnern. Sie kennen Sie, weil sie wissen, dass ich Ihr Patient bin.

Ich erinnere mich an alles, aber ich erinnere mich nicht an deinen Namen. Ich habe Sie DOC genannt. Warum kann ich mich nicht an deinen Namen erinnern?

Du existierst, nicht wahr? Wir trafen uns. Du existierst, du musst echt sein.

48. ROOSEVELT: E-MAILS NICHT ERHALTEN

ROOSEVELT Mein Kopf ist wie die Lokomotive eines Schnellzugs, der mit voller Geschwindigkeit fährt, und immer noch kein Zeichen von dir.

49. ROOSEVELT: E-MAILS NICHT ERHALTEN

ROOSEVELT Ich habe eine rief das Zentrum an und sie wissen nicht, wo Sie sind. Wo sind Sie?

50. ROOSEVELT: E-MAILS NICHT ERHALTEN

ROOSEVELT DOC: Ich habe noch einmal im Zentrum angerufen. Was ist passiert?

Sag mir, das ist nicht wahr! Du existierst, nicht wahr? Antworte mir bitte. SIE MÜSSEN mir antworten!

51. ROOSEVELT: E-MAILS NICHT ERHALTEN

ROOSEVELT Wo sind Sie DOC? Ist es wahr? Wirklich wahr? Sie sagten mir, dass Sie tot sind. Niedergeschlagen. Das glaube ich nicht. Ich weiß, dass du noch irgendwo lebst. Sag mir!

52. ROOSEVELT: E-MAILS NICHT ERHALTEN

ROOSEVELT   Ich bin zur Polizei gegangen und habe sie gefragt. Sie sagten mir, dass Sie tot sind. TOT!

Jemand hat dir die Kehle durchgeschnitten und dir dann ins Gesicht geschossen, in deine Augen, dann in dein Herz. DOC.

Ich bin sicher, Sie können diese Zeilen auch lesen, wenn Sie tot sind. DOC. Ich weiß, dass Sie DOC können. Sie haben irgendwo ein neues Leben, aber Sie können immer noch meine E-Mails lesen.

53. ROOSEVELT: E-MAILS NICHT ERHALTEN

ROOSEVELT

WO BIST DU EIN DOC?

WO BIST DU EIN DOC?

WO BIST DU EIN DOC?

WO BIST DU EIN DOC?

WO BIST DU EIN DOC?

WO BIST DU EIN DOC?

54. ROOSEVELT: E-MAILS NICHT ERHALTEN

ROOSEVELT

WO BIST DU EIN DOC?

WO BIST DU EIN DOC?

WO BIST DU EIN DOC?

WO BIST DU EIN DOC?

WO BIST DU EIN DOC?

WO BIST DU EIN DOC?

55. ROOSEVELT: E-MAILS NICHT ERHALTEN

ROOSEVELT

WO BIST DU EIN DOC?

WO BIST DU EIN DOC?

WO BIST DU EIN DOC?

WO BIST DU EIN DOC?

WO BIST DU EIN DOC?

WO BIST DU EIN DOC?

56. ROOSEVELT: E-MAILS NICHT ERHALTEN

ROOSEVELT

WO BIST DU EIN DOC?

WO BIST DU EIN DOC?

WO BIST DU EIN DOC?

WO BIST DU EIN DOC?

WO BIST DU EIN DOC?

WO BIST DU EIN DOC?

57. ROOSEVELT: E-MAILS NICHT ERHALTEN

ROOSEVELT

WO BIST DU EIN DOC?

WO BIST DU EIN DOC?

WO BIST DU EIN DOC?

WO BIST DU EIN DOC?

WO BIST DU EIN DOC?

WO BIST DU EIN DOC?

58. ROOSEVELT: E-MAILS NICHT ERHALTEN

ROOSEVELT

WO BIST DU EIN DOC?

WO BIST DU EIN DOC?

WO BIST DU EIN DOC?

WO BIST DU EIN DOC?

WO BIST DU EIN DOC?

WO BIST DU EIN DOC?

59. ROOSEVELT: E-MAILS NICHT ERHALTEN

ROOSEVELT

WO BIST DU EIN DOC?

WO BIST DU EIN DOC?

WO BIST DU EIN DOC?

WO BIST DU EIN DOC?

WO BIST DU EIN DOC?

WO BIST DU EIN DOC?

60. ROOSEVELT: E-MAILS NICHT ERHALTEN

ROOSEVELT

WO BIST DU EIN DOC?

WO BIST DU EIN DOC?

WO BIST DU EIN DOC?

WO BIST DU EIN DOC?

WO BIST DU EIN DOC?

WO BIST DU EIN DOC?

61. ROOSEVELT: E-MAILS NICHT ERHALTEN

ROOSEVELT

WO BIST DU EIN DOC?

WO BIST DU EIN DOC?

WO BIST DU EIN DOC?

WO BIST DU EIN DOC?

WO BIST DU EIN DOC?

WO BIST DU EIN DOC?

62. ROOSEVELT: E-MAILS NICHT ERHALTEN

ROOSEVELT

WO BIST DU EIN DOC?

WO BIST DU EIN DOC?

WO BIST DU EIN DOC?

WO BIST DU EIN DOC?

WO BIST DU EIN DOC?

WO BIST DU EIN DOC?

63. ROOSEVELT: E-MAILS NICHT ERHALTEN

ROOSEVELT

WO BIST DU EIN DOC?

WO BIST DU EIN DOC?

WO BIST DU EIN DOC?

WO BIST DU EIN DOC?

WO BIST DU EIN DOC?

WO BIST DU EIN DOC?

64. ROOSEVELT: E-MAILS NICHT ERHALTEN

ROOSEVELT

WO BIST DU EIN DOC?

WO BIST DU EIN DOC?

WO BIST DU EIN DOC?

WO BIST DU EIN DOC?

WO BIST DU EIN DOC?

WO BIST DU EIN DOC?

65. ROOSEVELT: E-MAILS NICHT ERHALTEN

ROOSEVELT

WO BIST DU EIN DOC?

WO BIST DU EIN DOC?

WO BIST DU EIN DOC?

WO BIST DU EIN DOC?

WO BIST DU EIN DOC?

WO BIST DU EIN DOC?

66. ROOSEVELT: E-MAILS NICHT ERHALTEN

ROOSEVELT

DOC! Ich hatte den Eindruck, dass Sie nicht mehr da waren. Dass du... tot bist. Du bist nicht mehr hier, bist du DOC?

Deshalb konnten Sie nicht auf meine E-Mails antworten. Irgendwie warst du ein großer Teil meines Lebens, auch nur für kurze Zeit. Auf Wiedersehen, Doktor!

Mail zurück an den Absender

Lieferung an folgenden Empfänger hat gescheitert.

-----ursprünglicher Beitrag-----

X--DKIM-Signatur: v=1; a=rsa-sch; c=entspannt/entspannt;

d=dickhead.com; s=20120113;

h=mime-version:sender:x-originating-ip:date:x-dick-sender-auth

:message-id:subject:from:to:content-type:x-gm-message-state;

bh=DFxcm5SqgeuEg71554tTl/04qGk1VFg=;

b=SkTaRFIwl6xJaI6DkGr7dMYMu2koeRn1lxmOWM UZEzJAT6nid4QcOWwM0HJKaSzhDZ

InJ2MAix8/7sg65qkVLeIjCAkBuen0Rpm10FkZK/+Dn g9V4A/7h7ue3Kib2j

9+RrlPpknL1E+Bszc45dy+mulxh1m0iwCDf2Z1zTV5C BtHxLH

4NGmA0GkheL68XLfU3Te2xVabFEeIN0INdX0Nyp0 9pkooyRH

jS4Iz6lq37r36xpysgPrpgWBZkzpuL3WT1tFpz3mKdp J9F

URxA==

MIME-Version: 1.0

Empfangen: per 10.204.148.72 mit SMTP-ID o8mr2926180bkv.127.1339777066763; Freitag,

15. Juni 2012 09:17:46 -0700 (PDT)

Absender: Roosevelt

Empfangen: von 10.205.26.6 mit HTTP; Freitag, 15. Juni 2012 09:17:44 -0700 (PDT)

X-Originating-IP: [657]

Datum: Freitag, 15. Juni 2012 17:17:44 +0100

X--Sender-Auth: xgH6ppKeWGQeZ7krxM

Nachrichten-ID: <f07uwqJCeXSv_jg@dick.com>

Thema: Nachbehandlung

Von: Roosevelt <r@r>

An: DOC@DOC

Inhaltstyp: mehrteilig/gemischt; Grenze=0015175cab32248a6d04c285287c

X-Gm-Message-State: ALoCoQnVt1nBTE8BCDdkh2hjr44uqOD9xJSl

AKT 3: LIVE

1. TV-NACHRICHTEN Vorstellung der Aktion, wo und wann G Mr. Roosevelt trifft, jetzt der derzeitige Präsident der Vereinigten Staaten, live im Fernsehen.

2. GEISELNAHME G hat den Präsidenten als Geisel genommen.

3. OUTRO G erfüllt sein Schicksal.

4. Zuvor im medizinischen Zentrum

Der Abschlussbericht des DOC vor fünf Jahren.

LIVE Die Zahlen uvels

TV 1 1. Wir unterbrechen unsere Sendung, um zu berichten, dass unser Präsident Roosevelt II gerade von einem scheinbar verrückten, hysterischen Mann in den Zwanzigern oder noch jünger auf Distanz gehalten wurde.

TV 2 2. Aber was passiert?

TV 1 3. Was wir hier erleben, ist das Entsetzen, unseren lieben Präsidenten der Gnade eines einsamen und verzweifelten Schützen ausgeliefert zu sehen.

TV 2 4. Der Präsident wird immer noch mit vorgehaltener Waffe festgehalten. Sie rennen langsam nach links vom Gebäude, gefolgt von allen Polizeikräften und den Bundesagenten.

TV 1 5. Der Schütze ruft dem Gefolge des Präsidenten wiederholt zu, sich zurückzuziehen, und der Präsident scheint diesen Befehl wiederholt zu haben.

TV 2 6. Der Präsident wird von dem noch unbekannten Mann festgehalten.

TV 1 7. Der Präsident und sein Entführer drehen nun die Uhr zurück. Der Schütze scheint in einem sehr verzweifelten Zustand zu sein und schreit das FBI an, aber wir haben noch keine Neuigkeiten. Der Präsident scheint allen zu signalisieren, sich zurückzuziehen.

TV 2   8. Sie ziehen sich jetzt wieder zurück. Ich habe gerade eine Nachricht bekommen, dass sie ausgefallen sind. Niemand bewegt sich ... #Little Break.

Im 666. Stock des neuen Hochhauses ist es nun vollkommen still; ein neues 666-stöckiges Gebäude, das gerade vom Präsidenten eingeweiht wurde.

TV 1   9. Wir können sie wieder hören: ja, sie bewegen sich noch, sie drehen sich in einer Treppe. Das Klopfen ist zu hören; Die FBI-Agenten haben gerade geschossen... Sie, sie... Was ist los? Wo sind sie? FBI-Agenten bewegen sich in alle Richtungen. Wo sind sie? Bilder?

TV 2   Wir haben gerade eine sehr laute Explosion gehört...

TV 1   Richtig; Es scheint ausgelöst worden zu sein, als FBI-Agenten das Feuer eröffneten.

TV 2   Wir haben sie gerade verloren!

TV 1   Was? Wo?

TV 2   Wir können bestätigen, dass der Präsident gerade verstorben ist; Sie scheinen in ein

Lüftungssystem gefallen zu sein. Es werden alle Anstrengungen unternommen, um die Lüftungsanlage abzubauen.

TV 1 Währenddessen steht auf dem Boden vor dem Gebäude eine riesige Menschenmenge von Hunderten von Menschen vor dem neuen Hochhaus.

TV 2 10. Wenn Sie gerade zugehört haben, wurde der Präsident der Vereinigten Staaten, Präsident Roosevelt II, während eines Antrittsbesuchs des neuen 666-stöckigen Hochhauses in der West Virginia Street unter Waffen gehalten und dann entfernt. Nach einem kurzen Wortwechsel mit den FBI-Agenten verschwanden der Präsident und die Waffe in einem Belüftungssystem.

TV 1 Richtig Tracy, weg. Es ist live und es ist ... umwerfend!

TV 2 Haben wir jetzt Details?

TV 1 Oh, aber ja, sie wurden aufgespürt... Sie sind... Wo? In einem Aufzug oder einem anderen Raum ist es unklar, aber die Tür scheint festzustecken.

TV 2 Wie meinst du "gesperrt"?

TV 1 Eine Fehlfunktion, wie es scheint...

TV 2 Sind sie im Aufzug oder nicht?

TV 1 Sie sehen aus, als wären sie in einem Raum, aber er steckt fest. Sie können die Türen nicht öffnen. Das ist überwältigend, Tracy!

TV 2 In der Tat!

#Aufnahmen der Gefangennahme des Präsidenten aus verschiedenen Blickwinkeln werden im Hintergrund abgespielt und wiederholt.

11.

TV 1 Immer noch kein Wort von Präsident Roosevelt dem Zweiten und seiner Waffe und wir wissen immer noch nicht, wer dieser Typ ist?

TV 2 Gibt es Neuigkeiten über den Verbleib der Frau des Präsidenten? Wissen Sie?

TV 1 Auch dazu keine Details, fürchte ich!

TV 2 Oh mein Gott, was passiert jetzt? Wo sind sie?

TV 1 Sie könnten tot sein...

TV 2 Sie sind vielleicht schon tot!

LIVE-Geiselnahme

#3-1a.

TV 1 Der bewaffnete Mann und der Präsident gehen langsam auf den Boden zu, gefolgt von der Entourage des Präsidenten.

Ohne Vorwarnung und plötzlich eröffnen die Männer des FBI das Feuer... Schießen wahllos vor sich her...

3-3.

TV 1 Ein lautes Knallen ist zu hören und der Entführer und der Präsident rennen in einem Raum in Deckung. Die FBI-Männer folgen ihnen und schießen erneut. Ein kleiner Teil der Wand vor ihnen zerbröckelt und Teile der Decke lösen sich auf. Eine große weiße Staubwolke bedeckt den Raum, die Situation ist äußerst verworren. FBI-Männer rufen immer wieder die gleichen Sätze

TV 2 FBI Wo sind sie? Was ist los? Und nun?

#*Der Schütze und der Präsident werden jetzt vermisst.*

3-1c.

TV 1 Unterdessen flüchteten der Schütze und der Präsident in ein Badezimmer. Der bewaffnete Mann schließt die Tür von innen ab. Plötzlich ist ein lautes Geräusch zu hören, gefolgt von einer scheinbaren Explosion. Die FBI-Agenten versuchen verzweifelt, die Tür aufzuschließen und dann die Tür zu öffnen, aber sie ist blockiert. Es gibt keine Fenster; Der Präsident und der Schütze sind im Badezimmer gefangen.

3-2a.

#Sie sehen alle aus ie beiden für 66 Sekunden durch den Raum.

3-2b.

ROOSEVELT Wir stecken jetzt fest!

G Es ist nicht möglich

ROOSEVELT *#Er beginnt um Hilfe zu schreien*

Wir sind hier!

G Hey, halt die Klappe! Ich habe eine Waffe hier!

ROOSEVELT Und was wird es nützen?

G Was?

ROOSEVELT Los, töte mich! Dann kannst du dich umbringen!

G Fick dich! Ich habe eine Waffe hier!

ROOSEVELT Es ist Amerika, Kumpel! Jeder hat eine Waffe!

G Wer ist jeder?

ROOSEVELT Ich habe auch einen

G *#Der Präsident zieht seine Waffe unter seinem Hemd hervor*

Leck mich am Arsch! Jetzt haben wir beide Waffen!

ROOSEVELT Was können wir mit zwei Waffen machen?

G Ich bin derjenige, der dich hier gefangen hält!

ROOSEVELT Wir sind jetzt beide Gefangene!

G Fick dich!

ROOSEVELT Ja!

3-3a. *#Jeder hat eine Waffe auf den Kopf des anderen gerichtet.*

G Was jetzt?

ROOSEVELT Ich weiß nicht...

G Wir können nicht ewig hier bleiben!

ROOSEVELT Wir können nicht ewig hier bleiben! Sie werden uns finden, aber wir könnten für eine Weile gefangen sein

#Sie kreisen beide in der Mitte des Badezimmers und richten ihre Waffen immer noch aufeinander.

3-4a

ROOSEVELT Wie heißt du?

G Was?

ROOSEVELT Wie heißt du?

G G kurz Gordon

ROOSEVELT Schön, Sie kennenzulernen, G!

G# Leicht verängstigt und desorientiert.

ROOSEVELT Mein Name ist Präsident Roosevelt II, Präsident der Vereinigten Staaten von Amerika

G Ich weiß!

ROOSEVELT Richten Sie eine Waffe auf den Präsidenten der Vereinigten Staaten von Amerika?

#Zu diesem Zeitpunkt ziehen beide ihre Waffen zurück. Sie starren beide 66 Sekunden lang in den

Raum und halten immer noch ihre Waffen. Fast wie in einer Symphonie sind diverse Geräusche und Klänge zu hören und ab der 66. Sekunde sind zusammenhangslose Stimmen zu hören.

G Schätze, wir brauchen unsere Waffen nicht mehr

ROOSEVELT Ich denke nicht...

#Beide werfen ihre Waffen gleichzeitig in einen großen Mülleimer in der Nähe des Waschbeckens..

3-5a.

#G schüttelt weiterhin den Kopf und versucht mit einem Finger jeder Hand seine Ohren zu reinigen.

ROOSEVELT Was ist mit deinem Kopf los?

G Es ist verdammt drinnen: das Geräusch, der Motor, "sie" und dieses Geräusch …

ROOSEVELT Du...

G Es ist jetzt konstant; Früher war es sporadisch, aber jetzt nicht mehr.

ROOSEVELT Sie haben T: Tinnitus…

G Ja, mein Mann, T, verdammt!

ROOSEVELT *#Der Präsident sieht G erstaunt an...*

G Verdammt wegen Menschen wie dir und dem Leben, das wir führen müssen.

ROOSEVELT Wie ich? Ich auch…

G Was ich auch?

ROOSEVELT Ich habe Tinnitus

G Du?

ROOSEVELT Seit zwanzig Jahren habe ich wahrscheinlich immer "das". Aber als Kind war das anders…

G Du hast T…

ROOSEVELT Ja. Die ganze Zeit…

G Du zeigst es nicht!

ROOSEVELT Nur privat. Ich muss damit leben, ich bin der Präsident!

G Scheiße!

ROOSEVELT Ja, und niemand wird das verstehen…

G Geister…

ROOSEVELT Die Geister in der Maschine…

G …und wir haben sie!

#*Sie liegen jetzt beide auf dem Boden.*

G Es ist durchdringend …

ROOSEVELT Ja

G Dick…

ROOSEVELT Ja

G Es ist wie das Geräusch von zerbrechendem Glas

ROOSEVELT Ich weiß

G Sie sagen mir etwas

ROOSEVELT Ich weiß

G Sie wollten, dass ich das mache...

ROOSEVELT Ich weiß...

G Ich bin so am Arsch...

ROOSEVELT Hör nicht auf ihn!

G Ich muss ...

ROOSEVELT Ignoriere T!

G Geister...

ROOSEVELT Lass sie raus!

3-6a.

G Nein...

#G fällt zu Boden und stirbt; rollt auf dem Boden und hält seinen Kopf in seinen Händen.

ROOSEVELT Ich kann nicht loslassen. Ich kann mich nicht unterkriegen. Wenn ich das tue, gibt es keine Kontrolle; es hört nicht auf. Ich kann nicht neben jemandem wie dir sein...

3-7a.

#Sie halten sich jetzt beide die Ohren mit den Händen zu. Der Präsident steht ein paar Sekunden lang, dann bricht er auf dem Boden zusammen und rollt mit G auf dem Boden und beide schreien 66 Sekunden lang. Nach ein paar Sekunden hallt das Geräusch ihres Kopfes für weitere 66 Sekunden im Badezimmer wider.

3-8a.

#Sie liegen jetzt beide auf dem Boden.

ROOSEVELT Erinnerst du dich an Dinge?

G Ja, alles!

ROOSEVELT Ich meine, als du ein Kind warst?

G Ja. Ich erinnere mich an alles, seit ich geboren wurde, Mann! Es ist alles da, all der Lärm ... Die Scheiße, die ich von der Polizei bekommen habe, das Essen, das ich gestohlen habe, als ich fünf war, als mein Vater mich schlug, als ich zehn war.

ROOSEVELT Verbringst du Zeit damit, dich zu erinnern?

G Ja, immer; jeden Tag und jede Stunde ... So mache ich das alles durch. Ich erinnere mich an das erste Geräusch, das meine erste Waffe machte, als ich in die Luft feuerte ...

ROOSEVELT Erinnerst du dich, wie die Dinge schmecken?

G Ja, mein Mann. Ich erinnere mich an alles.

ROOSEVELT Sie sagen, wir können die PR nicht löschen Ohne Erinnerung an die Vergangenheit und ohne „aufgeräumte" Vergangenheit können wir keine Zukunft haben.

G Ich bin mir nicht sicher, ob ich es verstehe. Das Geräusch bewegt sich jetzt: Wasser fließt.

ROOSEVELT Erinnerst du dich an die Stimmen, die dir sagten, du sollst mich zurückhalten? Haben die Stimmen dir gesagt, du sollst mich töten?

Erinnerst du dich an die Stimmen, die dir sagten, du sollst mich zurückhalten? Haben die Stimmen dir gesagt, du sollst mich töten?

G Nein, ich glaube nicht. Es gibt einfach zu viele Stimmen. Es könnte ewig dauern, sie aufzulisten!

ROOSEVELT Ich weiß. Ich habe vor einigen Jahren damit angefangen.

G Kennt jemand Sie?

ROOSEVELT Niemand außer einem Seelenklempner, sagte ich vor langer Zeit.

G Kinder?

ROOSEVELT Ja, das wussten Sie nicht?

G Ich weiß nur, dass Sie der Präsident sind, weil ich dort war und diese Menge um Sie herum war.

ROOSEVELT Hast du nicht gewählt?

G Verdammt nein! Ich wusste nicht einmal, wer du bist!

ROOSEVELT Verdammt nein! Ich wusste nicht einmal, wer du bist!

G … Alle mit T?

ROOSEVELT Nein, aber das kommt vielleicht später.

G Ich fühle mich jetzt besser!

ROOSEVELT Ich bin glücklich. Du hast Kinder?

G Ich? Verdammt nein! Ich hatte ein paar Mädchen … Ich kenne niemanden, niemand kennt mich, ich bin ein 'Unlebender' und niemand weiß, dass ich T. habe, außer ... Da war ein Doc, da ist lange Zeit.

ROOSEVELT War es eine Laune bei diesem Überfall?

G Ja! Ich war da und du warst da. Ich hatte genug und du oder ich mussten rüber springen…

ROOSEVELT Vom 666. Stock springen?

G Ja, mein Mann!

ROOSEVELT Ich bin froh, dass Sie das getan haben

G …Ja, aber wie lange?

ROOSEVELT Das kann ich nicht beantworten!

G Ihre FBI-Sicherheitsagenten sind nutzlos!

ROOSEVELT Ich weiß!

G Wissen hilft nicht. Es gibt Dinge, die wir wissen, aber sie zu kennen kann dich umbringen!

ROOSEVELT Wir wissen Dinge, die wir nicht wissen sollten, aber wir wissen sie trotzdem. Die Dinge, die wir wissen, werden gespeichert und für T berechnet. T lernt die Dinge kennen, die wir wissen, und kontrolliert sie. Ich werde das Zeug verwenden, das wir kennen. Wir können nicht zulassen, dass T die Dinge bekommt, die wir wissen.

G Ich weiß! Ich kämpfe weiter gegen die Geister in der Maschine und der Krieg ist so ohrenbetäubend ...

3-9a.

G UND ROOSEVELT *#Sie sitzen jetzt beide auf dem Boden, mitten im Badezimmer, Rücken an Rücken.*

G Ich tat es, weil ich musste.

ROOSEVELT Sie hatten nichts zu tun.

G Ich musste es tun, weil ich es tun musste.

ROOSEVELT Das musstest du nicht.

G Wir müssen Dinge tun, wir werden kontrolliert.

ROOSEVELT Wir haben nichts zu tun. Brechen Sie die Kontrolle!

G Ich kann diese Kontrolle nicht brechen, sie hat mich bereits unter Kontrolle.

ROOSEVELT Ich breche es jeden Tag; Die Stimmen versuchen ständig, mich zu kontrollieren.

G Du bist der Präsident und mit deiner Armee versuchst du immer, die Leute zu kontrollieren.

ROOSEVELT Wir kontrollieren nie jemanden, wir lassen die Leute sich selbst kontrollieren.

G Du zwingst Leute wie mich dazu, kontrolliert zu werden!

ROOSEVELT Wir zwingen niemanden; Wir führen Sie, um zu vermeiden, kontrolliert zu werden.

G Wer braucht Ihre Führung? Sie sagen, es gibt sechs Leute, die die Welt regieren, und Sie erledigen ihre Drecksarbeit für sie.

ROOSEVELT Es gibt mehr als sechs Gruppen von Menschen, die die Welt regieren, und wir sind nur der mittlere Filter.

G Ein Filter mit Lecks: Wir werden ständig belästigt...

ROOSEVELT Ignoriere Menschen, lerne sie zu lieben.

G Ich kann Menschen nicht ignorieren, ich hasse sie.

ROOSEVELT Hasse niemanden!

G Ich hasse alle..

ROOSEVELT Du bist nicht so verkorkst

G Ich bin total am Arsch, Mann!

ROOSEVELT Ignoriere den Lärm, bekämpfe die Geister!

G Ich kann den Lärm nicht ignorieren, die Geister haben mich überwältigt.

ROOSEVELT Denken Sie an verschiedene Dinge; Geh weg und konzentrier dich!

G Ich kann an nichts anderes denken, ich kann mich nicht bewegen

ROOSEVELT Ich kann dir nicht helfen, du bist ein Gefangener!

G Warum würden Sie mir helfen? Ich habe dich entführt!

ROOSEVELT Gefangene können entkommen!

G Nicht aus einem von Ihnen geschaffenen Hochsicherheitsgefängnis!

ROOSEVELT Du kannst es versuchen!

G Du hast es unmöglich gemacht!

ROOSEVELT Geh weg!

G Ich habe es versucht, Mann! Ich wäre fast gestorben!

ROOSEVELT Bring dich nicht um!

G Ich habe mehrmals, es hat nie funktioniert!

ROOSEVELT Du hast... Du brauchst deinen Gehirnreiniger!

G Bist du jetzt? Es ist eine Weile her! Vielleicht werde ich und vielleicht werde ich nicht ...

ROOSEVELT   Ich ziehe mir die Ohren ab, wenn du mitkommst!

G   Ok, wenn Sie für die Beratung bezahlen

ROOSEVELT   Es kann nicht funktionieren..

G   Wir können es immer versuchen...

ROOSEVELT UND   G   *#Sie stehen beide auf und schreien gleichzeitig.*

Es ist die Hölle!

G   Bravo für die Schrumpfklasse, doc!

ROOSEVELT   Jederzeit, G!!

3-10a.

#Die beiden schauen sich seit sechzig Jahren ununterbrochen in die Augen ie-sechs Sekunden. Die Geräusche werden allmählich lauter und die Stimmen klarer, von früheren Gesprächen, die sie in der Vergangenheit geführt haben, bis ihre eigenen verzerrten Stimmen im Hintergrund zu hören sind, die ihnen Befehle erteilen.

3-11a.

ROOSEVELT UND G

#Beide brechen sechsundsechzig Sekunden lang in hysterisches Gelächter aus.

Fast im Einklang: Oh Gott, es tut weh!

LIVE Die Rettung.

4-1a.

TV NACHRICHTEN

#Moderatoren beschreiben die Rettungsmission und Filmmaterial der Aktion wird im Hintergrund projiziert.

TV 1 Das Rettungsteam betrat schließlich die Stelle, an der die Türen blockiert waren. Es wird alles unternommen, um die Türen aufzubrechen

TV 2 6 FBI-Agenten werden eingesetzt ... Und immer noch bewegt sich nichts ...

TV 1 Diese Stille ist ohrenbetäubend...

#Eine kurze Pause von 66 Sekunden.

TV 2 Visual ist eingeschaltet, aber kein Ton.

TV 1 Was ist los? Die Türen öffnen sich sehr langsam und der Präsident steht links und der Fremde rechts. Seine Pistole scheint nicht mehr auf den Präsidenten zu zielen; Tatsächlich scheint er seine Waffe nicht mehr zu halten.

TV 2 Wir haben jetzt den Ton: Wir können den Präsidenten schreien hören...

ROOSEVELT Nicht schießen!

4-2a.

G UND ROOSEVELT *#Die Szene spielt sich in Zeitlupe ab.*

TV 1 Der Schütze fällt langsam zu Boden, von Schüssen durchbohrt; sein Blut fließt überall und spritzt in die Luft...

#Kleine Pause. Jetzt liegt er mit weit geöffneten Augen tot am Boden.

TV 2 Der Präsident kniet über der Leiche und schließt die Augen vor dem unbekannten Schützen.

TV 1 Es ist ein schrecklicher Anblick! Es ist das Ende.

LIVE Auf der Straße

#Auf den Straßen haben sich inzwischen über tausend Menschen mit Krankenwagen, Polizeiautos, Feuerwehrleuten und verschiedenen Fernsehteams versammelt. Die ganze Welt blickt gespannt in den 666. Stock.

4. Früher im Ärztehaus.

#*Auszug aus DOC Final Statement Number.666 zu Bedingung T, unter der G und Mr. Roosevelt litten.*

Tinnitus oder Tinnitus ist ein menschlicher Zustand (obwohl er mit ziemlicher Sicherheit auch auf andere Mitglieder des Tierreichs zutrifft), der laute, inkohärente Geräusche auslöst, und dieses Gefühl wird wahrgenommen, unabhängig davon, ob das Geräusch aus dem Gehirn kommt oder im Inneren des Gehirns erzeugt wurde.

Dieses Geräusch kann sporadisch oder konstant sein, klein oder so schwer wie der Motor eines Flugzeugs oder ein paar Glasscherben in einer Schleife.

Wenn das Geräusch zu laut ist, klingt es oft so, als würden Stimmen gehört.

Es ist kein heilbarer Zustand und es entwickelt sich. Jeder kann damit geboren werden oder es könnte sich allmählich entwickelt haben, hauptsächlich aufgrund von extremem Stress, extremen Geräuschen (wie z. B. hohe unregulierte Polizei- und Krankenwagensirenen, laute Musik oder ein längerer Kontakt mit einem Mobiltelefon zu nahe am Kopf).

Ein großer Teil der menschlichen Bevölkerung hat irgendeine Form von Tinnitus, aber die meisten würden es nicht bemerken, bis es ernst wird. Lärm wird allgegenwärtig und führt zu Hörverlust. Die Schwere der Krankheit kann nur zunehmen, indem man sie wachsen lässt, indem man einen stressigen Lebensstil fördert, sich nicht bewegt, laute Geräusche hört, zu lange fernsieht oder schwarzen Tee oder Kaffee trinkt. Viele Wissenschaftler haben festgestellt, dass eine Zeitbombe tickt, weil sie buchstäblich jeden treffen könnte.

Der Slogan der meisten Ärzte lautet: „Mach weiter, ignoriere es und ändere deine Lebensweise". Keine langfristige Lösung für eine tickende Zeitbombe, die darauf wartet, zu explodieren. Es wird nicht als Krankheit oder gar als psychischer Zustand oder Krankheit angesehen, und doch kann dieser Zustand das Gehirn leicht lähmen, wenn er nicht kontrolliert wird. Infolgedessen sind viele Menschen süchtig nach Schmerzmitteln und Schlaftabletten geworden. Es ist nicht ungewöhnlich, dass sich Menschen qualvoll auf dem Boden wälzen, wenn der Lärm ohrenbetäubend und unerträglich wird. In diesem Fall könnten viele Ärzte einen Drogenmissbrauch oder eine psychische Erkrankung vermuten.

Wir sind eine Maschine und wenn wir von unbekannten Kräften überfallen und kontrolliert werden; Geräusche, Geister oder andere Folgen können für das Opfer, aber auch für alle anderen Personen in engem Kontakt verheerend sein.

5. Die verbotenen Gedanken von G.

#Verbotene Gedanken ist die beleidigende Sprache, die bei bestimmten engen Begegnungen auf die Seite des G-Empfängers geworfen wird.

Während der Handlung wurden keine Gedanken gezeigt, da sie die Geschichte gestört und die Handlung während des Verlaufs der Interviews enthüllt hätten.

1. Wartung 49

G Sie war herablassend, unausstehlich und anmaßend. Sie hat es verdient zu sterben. Sie habe „alles gewusst". Sie würde auf nichts und niemanden hören. Sie würde weiterhin Menschen ignorieren. Sie können die nicht ignorieren

Menschen: Du magst vielleicht jemanden nicht, aber du kannst nichts ignorieren. Vor allem, wenn man dafür bezahlt wird.

Sie war so verängstigt, dass sie wie erstarrt war und nicht reagieren konnte: Ein Messer wurde an die linke Seite ihres Gehirns gehalten und ihr wurde auf rationale, geflüsterte und gelassene Weise der quälende Befehl übermittelt, ein kleines Küchenmesser zu schlucken. Einfach. Sie starb einige

Stunden später, halb erwürgt von dem Messer und halb erschöpft von der Angst und dem Schrecken der Tat.

2. Wartung 50

G Ihre Kehle war offen und sie blutete, als gäbe es kein Morgen.

Es war so ein herrlicher Anblick! Schade, dass du es verpasst hast. Gut 66 Minuten rang sie nach Luft. Ein perfekter Tod: Genie!

3. Wartung 51

G So ein Arschloch. Du hast nie gelebt und wirst nie lange genug leben, um wirklich zu leben, und du glaubst immer noch, dass du "alles weißt".

4. Wartung 52

G Ich werde jeden verdammten Knochen in deinem Körper brechen und dich für den Rest deines verdammten hirntoten Lebens durch die Straßen kriechen lassen.

5. Wartung 55

G Ich werde dich eines Tages töten und du wirst ausgetrocknet sein wie eine Ratte in einem Labor. Du bist ein Wissenschaftler, du bist dazu bestimmt, abgeschlachtet zu werden. Sie müssen wissen, wie es ist, warum und wie Sie für das größere Wohl geopfert werden. Komisch, wie das letztendlich dazu führt, welche Körperteile in die Toilette oder in den Gefrierschrank passen – wenn Sie reich genug sind, um einen zu besitzen. Und die Antwort ist nicht mehrfach.

6. Wartung 57

G Er war zu groß für sein eigenes Wohl. Zu groß. Warum können solche Menschen, die immer so ungesund sind, in der Lage sein, zu führen? Und ein Ärzteteam! Und sagt mir, dass ich mehr essen soll. Wer will so enden wie sie? Du hättest sehen sollen, wie er sein Gesicht vollgestopft hat. Er bemerkte nicht einmal, dass eine Gabel in seinen Kuchen gesteckt wurde. Er verschluckte sich fast an seinem eigenen Erbrochenen. Zu einfach! Er wird nie erfahren, warum er sterben musste. Ein großes Bedauern

END

Lange Zusammenfassung

Ein interaktiver Roman, Mord, Krimi in 3 Akten rund um die Zahl 6 und den Buchstaben T, die beide das Proton und das Neutron der Geschichte sind.

Zwei Männer mit sehr unterschiedlichem Hintergrund treffen aufeinander und entdecken, dass sie beide von unsichtbaren Geistern geleitet werden und dass sie in Wirklichkeit zwei Maschinen sind, die gezwungen sind, ein Leben zu führen, das von einer unheilbaren Krankheit heimgesucht wird.

Während der feierlichen Eröffnung des höchsten Gebäudes der Stadt hält ein Mann den Präsidenten der Vereinigten Staaten mit vorgehaltener Waffe fest und zusammen verschwinden sie für 66 Minuten aus dem Blickfeld der Welt, wo sie sich den Geistern der Maschine stellen. Die Geschichte wird in vier separaten Kapiteln präsentiert: Kapitel 1. Die Hauptfiguren werden dem Leser von ihrem Psychiater in einem medizinischen Zentrum vorgestellt. Die beiden Hauptprotagonisten G und Roosevelt treffen sich nie wirklich, obwohl sich ihre

Wege einmal in der Mitte kreuzten, aber beide nahmen diese Begegnung nicht wahr. Die Geschichte und Beschreibung von „T" und dem/den Geist(en) (Plural: T wird in der Maschine multipliziert, bleibt aber immer noch unter dem Dach und dem Hauptmonster „T").

Es gibt eine Schritt-für-Schritt-Einführung, wie T durch die Köpfe von G und Roosevelt fortschreitet. Während des ersten Kapitels wird der Leser Zeuge einer Reihe von Morden, die im Zentrum begangen werden, was darauf hinweist, wie sich die Hauptgeschichte entwickelt. G und Roosevelt beendeten beide ihre Aufenthalte im medizinischen Zentrum. Eine therapeutische Nachsorge wurde ihnen von ihrem Psychiater per E-Mail angeboten.

Im zweiten Kapitel lernt der Leser das Privatleben und die Geschichte der Hauptprotagonisten kennen. Eine grafische Entwicklung von Ts Leben und Existenz wird enthüllt und ein langsamer Aufbau zur Aufklärung der Morde, die im Zentrum passiert sind, ist im Gange. Der E-Mail-Austausch findet ein jähes Ende: Die E-Mails von G und Roosevelt werden nicht mehr beantwortet. Etwas passiert. Die beiden Protagonisten schicken weiterhin E-Mails an DOC in der vergeblichen Hoffnung auf eine Antwort, bis das

Postfach von DOC voll ist und die E-Mails zurückkommen.

Während der Serie der „Solo-E-Mails (oder gesendete, aber nicht beantwortete E-Mails)" gewinnen die im Zentrum von Kapitel 1 begangenen Morde nach und nach an Bedeutung, und alle Protagonisten entwickeln sich und bewegen sich sanft auf ihr Schicksal zu.

Die beiden Hauptprotagonisten G und Roosevelt finden sich schließlich im 66. Stock eines neuen großen Turms wieder, der gerade eingeweiht wird. Roosevelt erreichte seine Ambitionen: Er beherrschte T und wurde Präsident Roosevelt III der Vereinigten Staaten. G und Präsident Roosevelt treffen sich: G nimmt den Präsidenten während einer Konfrontation mit vorgehaltener Waffe als Geisel. Aufgrund der Inkompetenz der FBI-Agenten, als sie es versuchten

Um den Präsidenten zu befreien, ereignete sich eine Explosion und beide verschwanden, gefangen in einem Raum. Zusammen werden sie 66 Stunden der Gnade von T ausgeliefert sein, bis sie vollständig von FBI-Agenten gerettet werden und G sein endgültiges Schicksal ereilen wird, wie in Kapitel 1 beschrieben.

Die Morde sind alle in die Geschichte verwickelt. Sie passieren, während wir durch die Geschichte voranschreiten. Wir können uns nur einen Tod in der Geschichte vorstellen und visualisieren. Die anderen Morde passieren, während wir durch die Geschichte voranschreiten. Wir können uns nur einen Tod vorstellen, aber in der Geschichte handelt es sich nicht um einen Mord, sondern um eine legale Erschießung durch das FBI. Konkret handelt es sich um einen Mord, der zu Beginn der Geschichte angekündigt wurde. Derselbe Charakter hat alle Morde begangen, einschließlich des Auslösens seines eigenen Todes, unwissentlich oder bewusst, um T zu töten und den Dämon in ihm auszulösen. In gewisser Weise ist T autobiografisch, weil der Autor sich mit der T-Bedingung auseinandergesetzt hat, seit er sich daran erinnern kann. Wie die meisten seiner Geschichten und Charaktere sind sie die Summe seiner engen Begegnungen, zufälliger Begegnungen, die ihn dazu brachten, sich unter extrem surrealen Umständen unter eine gemischte Menge zu mischen. Alles ist eine Frage der klaren und prägnanten Beobachtung: eine tägliche Übung und ein Gedächtnis, das immer überfordert ist.

Wichtig

Die Morde sind alle implizit in der Geschichte
enthalten. Sie geschehen, während wir in der
Geschichte voranschreiten.

Wir können uns nur einen Tod in der Geschichte
vorstellen und visualisieren. Die anderen Morde
geschehen, während wir in der Geschichte
voranschreiten. Wir können uns nur einen Tod
vorstellen, aber in der Geschichte ist es kein Mord,
sondern eine legale Erschießung durch das FBI. In
Wirklichkeit ist es ein Mord, der zu Beginn der
Geschichte angedeutet wird. Dieselbe Figur hat alle
Morde begangen, einschließlich der Herbeiführung
ihres eigenen Todes, unbewusst oder bewusst, um T
zu töten und den Dämon in ihm zu aktivieren.

In gewisser Weise ist „T" autobiografisch, da der
Autor seit jeher vom T-Zustand geplagt wird.

Wie die meisten seiner Geschichten und Figuren sind
sie die Summe seiner Nahbegegnungen, zufälliger
Begegnungen, die ihn dazu brachten,

sich unter äußerst surrealen Umständen unter eine
bunt gemischte Menge zu mischen. Es ist alles eine
Frage klarer und präziser Beobachtung: eine tägliche

T: Geister Im Kopf

Übung und ein Gedächtnis, das immer überlastet ist.

In Akt II: E-Mails / 3 – G hat nicht geantwortet: Es ist
nicht klar, ob

G wirklich weiß, wer Doc getötet hat. Viele Mörder
sind sich nicht bewusst, dass der Tod endgültig ist,
und sie töten oft in der vergeblichen Hoffnung, dass
ihr Opfer nur das erleiden wird, was es verdient.
Doch morgen ist ein neuer Tag, und der Mörder fühlt
sich danach vielleicht nicht mehr so und ist sich
sicherlich nicht bewusst, was er getan hat oder getan
hat.

Anmerkungen zur Entstehung der Geschichte

Dieses Buch soll wie ein Roman gelesen werden; es ist zwar eine Reihe erschütternder Ereignisse, aber nicht wie eine Broschüre mit Fakten und Zahlen, mit endlosen Verweisen und Beweisen aller Art.

Die Welt besteht aus zwei Dimensionen: der positiven und der negativen. Das Negative ist wie die unbearbeitete Seite eines ehemaligen Fotos: Es ist die dunkle Materie. Das Positive ist die bunte Welt, in der ich leben sollte. In Wirklichkeit leben wir nicht dort. Wir leben im Negativen. Dort werden wir niemals sterben. Seit Tausenden von Jahren leben alle Lebewesen in der Negativen Dimension. Sie ist endlos, während wir in der Positiven Dimension nur ein Leben haben. Die Welt der Positiven Dimension ist lediglich eine optische Täuschung, erschaffen von Außerirdischen und außerirdischen Mächten, und Teil eines virtuellen Spiels. Die Negative Dimension ist der Ort, an dem Kreaturen aus der Positiven Dimension Zuflucht suchen, wenn sie versagt haben. Es kommt selten vor, dass eine Kreatur die verschiedenen Dimensionen erfolgreich durchquert. Das bedeutet, dass sie die Kräfte von oben gemeistert haben, die sehr komplexe Energien freisetzen können.

Die Positive Dimension ist reine Unterhaltung für die Außerirdischen da oben und damit auch für die Kreaturen der Positiven Dimension. G und ich.

Es ist sehr schwer, in London zu überleben, besonders wenn man ganz unten anfängt. Niemand kümmert sich darum, ob man in der Gosse ist; man ist immer allein auf der Welt. Die meisten Leute dachten, man hätte es verdient. Man wird entweder reich oder arm geboren. Die Armen bleiben arm, die Reichen bleiben reich, und keiner von beiden trifft sich je. Doch dieses populäre Konzept ist absurd und widerspricht jeder Logik: Wir alle leben in derselben Welt, wir alle leben und atmen dieselbe Luft. Wir alle leben nach besten Kräften und überleben in einem Labyrinth, das in Wirklichkeit ein halluzinogenes Labyrinth ist, in dem wir endlos umherirren. Wir geraten in Schwierigkeiten, wir geraten in Schwierigkeiten und wir werden zum ultimativen Feind, zur Mikrobe, die in jeden Körper eindringt. Der Feind dringt sowieso in uns ein, egal was passiert. Wir müssen nicht außer Atem sein, aber wenn es uns am Boden liegt, sind wir am verwundbarsten. Viren verwandeln jeden in jemanden, den wir lieber nie gewesen wären: den Bettler, den Abschaum, den Schwachen, die Ratte oder die Maus, die auf dem Boden krabbelt. Diese Reise mag wie ein verworrenes Netz aus Fäden

erscheinen, aber sie ist weder unergründlich noch
unmöglich zu bewältigen; es braucht nur ein wenig
Anpassung und jahrelange Übung. Ich geriet in einen
Teufelskreis und wurde zu einem Virus, das in den
Körper eines Menschen eindringt. Ich wurde zur
Ratte und lebte am Boden der Gosse. Ich lebte mit
meinen Ratten- und Mäusekollegen auf den Straßen
Londons. Überall, wo ich hinkam, hinterließ ich
Spuren, um später eine Karte zu zeichnen, eine Karte
des Universums. So entkomme ich der Welt,
zwischen den Dimensionen:

Die negative Dimension ist ein dreidimensionaler
Raum: ein geometrischer Rahmen, in dem drei Werte
(Parameter) notwendig, um die Position eines
Elements (z. B. eines Punktes) zu bestimmen. Dies ist
die umgangssprachliche Bedeutung des Begriffs
Dimension. Die Welt besteht aus zwei Dimensionen:
positiv und negativ. Die negative Dimension ist wie
die unbearbeitete Seite eines ehemaligen Fotos. Die
positive Dimension ist die farbige Welt, in der wir
leben sollten. In Wirklichkeit tun wir das nicht. Wir
leben im Negativen. Wir werden dort niemals
sterben. Tausende von Lebewesen leben alle in der
negativen Dimension. Sie ist endlos, während wir in
der positiven Dimension nur ein Leben haben.

Meine erste Begegnung mit G, Gordon Griffith

Meine erste Begegnung mit G, Gordon Griffith, erfolgte am 14. September 2007, als er gerufen wurde, während ich im Deauville Hotel, 103 E 29th St, New York, NY 10016, USA, in der Nähe der Park Avenue, wohnte. Ich wohnte in einem sehr eleganten Zimmer mit einer hohen Decke, gerade groß genug für ein Doppelbett, ein großes Waschbecken, einen großen quadratischen Spiegel darüber und Platz für Toilettenartikel. Die Dusche befindet sich auf derselben Etage; das Badezimmer wird geteilt. Es gab ein sehr großes Fenster, so groß wie das Zimmer, mit Blick auf die Straße und das gegenüberliegende Gebäude im vierten Stock. Es gab einen Fernseher, aber ich war nie ein großer Fan davon, also ließ ich ihn weg. Jeden Tag schlenderte ich die Park Avenue entlang, von einem Ende zum anderen, vom Union Square zum MetLife Building, einem Wolkenkratzer an der Ecke Park Avenue und 45th Street, nördlich des Grand Central Terminals in Midtown Manhattan. Ich war als Kind schon einmal in New York City gewesen, aber es war 1982. 982, am Saint Marks Place,

Avenue D, im East Village, auf dem Höhepunkt der
New Wave-Szene. Das Leben mag genauso
hoffnungslos gewesen sein, aber voller Hoffnung und
äußerst dynamisch. Dieses Mal waren Trends und
Mode praktisch verschwunden, und ich fand mich
auf der Park Avenue wieder, völlig ahnungslos, was
vor sich ging, zwischen den Büros von Madoff und
Whole Foods, 4 Union Square E, New York, NY
10003, USA, und Brian Epstein, dem Credit Suisse-
Gebäude, das in einer Seitenstraße der Park Avenue
liegt, 11 Madison Avenue, New York, NY 10010,
berüchtigt für die größte Geldwäscheoperation in
New York. Ich ging nie abends aus. Ich übernachtete
einfach im Hotel, das eine sehr angenehme Lobby mit
Sesseln und einem Sofa hatte, einen Raum mit einem
Klavier, wo ich viel Zeit zum Üben und Komponieren
neuer Musik hatte, und einen Computerraum, in dem
ich täglich meine E-Mails checkte. Der Hauptaufzug
war, genau wie der Rest des Gebäudes, in den 1920er
Jahren eingefroren und benötigte einen
Aufzugsführer, um das Rad zu bedienen. Jeden Tag
aß und kaufte ich meine Lebensmittel im sehr teuren
und protzigen Whole Foods am Union Square und
verbrachte die meisten Nachmittage damit, im Bett
Bücher zu lesen, die ich normalerweise bei Barnes and
Noble, 33 E 17th St, New York, NY 10003, USA,
kaufte. Klavierüben war den Vormittagen

vorbehalten. In diesem Zusammenhang traf ich G
zum ersten Mal. Er saß auf dem Bürgersteig, wie der
verdorbene, mittellose und zitternde Penner, der er
im strömenden Regen war. Die Zufälle des Lebens
sind eine geheimnisvolle Wissenschaft. Ich kann mich
nicht erinnern, G schon einmal getroffen zu haben,
nur an diesem schicksalhaften Tag und in diesem
genauen Moment. Da war er, ein gebrochener Mann
von 16, 18 oder sogar 20 Jahren, schwer an seinem
Gesicht zu erkennen, aber in einem schrecklichen
Zustand. Er brachte mit seinen schiefen Zähnen, von
denen er auf den ersten Blick mindestens drei verlor,
kaum ein Lächeln zustande, bekleidet mit einem alten
Mantel und einer Decke über den Schultern. Ich hasse
es, Menschen so leben zu sehen; es macht mich
wirklich wütend und ich möchte eingreifen.

Ich vermute, es geschieht unterbewusst, aus Angst,
wie sie auf der Straße zu landen.

Ich sagte ihm, er könne nicht hierbleiben, sonst würde
er krank und noch schlimmer. Er stimmte zu, fügte
aber hinzu, er könne nirgendwo anders hin.

Dann sagte ich ihm, er müsse mitkommen, was er
sofort tat. Wir hielten bei Whole Foods, 4 Union
Square E, New York, NY 10003, um etwas zu essen.
Er saß im schrecklich dekorierten Speisesaal und

kümmerte sich nicht darum, was ich ihm bringen würde, aber er bestellte trotzdem eine heiße Schokolade. Ich vergaß zu fragen, ob er Fleisch aß. Ich vermutete, er aß es – und ich tat es nicht –, also kaufte ich Hühnchen und Gemüse. Er aß alles in einem Rutsch auf, ließ sich aber Zeit, seine heiße Schokolade zu genießen. Er bemerkte meinen Teller mit Gemüse. Er fragte: „Wo ist das Fleisch?" und ich antwortete: „Ich esse kein Fleisch, nicht einmal Fisch."

Er starrte mich ein paar Sekunden lang an, dann beendete ich seinen Ärger, indem ich ihm das schönste Lächeln schenkte, das ich konnte, und er beendete auch seinen Ärger mit dem PlDas schönste Lächeln, das er aufbringen konnte, wenn auch gebrochen. „Ich könnte nicht ohne Fleisch leben. Ich esse es lieber roh." Diese Bemerkung war unangebracht und ließ mich zögern, ihn in mein Hotel einzuladen, als er mir seine Geschichte zu erzählen begann. Ich erklärte ihm dann ein paar Lebensregeln und ein paar Hotelregeln, falls er anfangen sollte, es zu kritisieren. Wohlgemerkt, entgegen dem Gesagten blieben die Sex Pistols nur kurz im Chelsea Hotel, aber am längsten im Deauville Hotel, und selbst dort machten sie alles kaputt. Ich sagte ihm, ich würde ihm morgen früh neue Kleidung bringen. Ich hatte das dringende Bedürfnis, das herauszufinden. Wir mussten eine Stunde bei Whole Foods verbringen, lange genug, damit er auf die Toilette gehen und ich ihm eine heiße Schokolade holen konnte, während er beschäftigt war. Es war fast 22 Uhr, Ladenschluss, und wir waren beide erschöpft. Ich fragte ihn, ob er 15 Minuten laufen könnte, und er sagte ja. Also trotteten wir beide zum Hotel Deauville. Als wir ankamen, schlichen wir die Treppe zum vierten Stock hinauf, aus Angst, sein ungepflegter Zustand würde ihn am Eintreten hindern. Dann bat ich ihn, sich auf einen Stuhl im Flur zu setzen, während ich ein Zimmer für ihn vorbereitete. Es gelang mir, der diensthabenden Rezeptionistin zu erklären, dass ein Freund später kommen würde und ich ein Zimmer für ihn reservieren müsste. Ich holte den Schlüssel und nahm diesmal den Aufzug. Die diensthabende Rezeptionistin wurde zum Aufzugführer, und wir kamen beide im vierten Stock an. Glücklicherweise ging er sofort und sah meinen neuen Freund nicht.

Am Morgen schlief G bis Mittag, sodass ich genügend Zeit hatte, ihm Kleidung zu kaufen und ihm Mittagessen zu bringen.

Im Laufe der Tage fand ich einen Zahnarzt für ihn aus der Liste der Obdachlosen, die ich in der örtlichen Kirche gefunden hatte, aber ich musste trotzdem etwa

400 Dollar für drei Zähne bezahlen. Gute Zähne (ein schönes Lächeln) und eine gute Aussprache sind unerlässlich für jeden, der in die Welt der Lebenden zurückkehren möchte. Sie sind unerlässlich. Niemand würde ein hässliches, vernarbtes Gesicht ansehen.

Wir redeten Tag für Tag, bis er seine Kräfte wiedererlangte und sich selbstbewusster fühlte. Das dauerte zwei Wochen. Er erzählte mir von seinem Leben, seiner Erziehung und dem Grund, warum er nach New York fliehen musste.

Als sich seine Geschichte entfaltete, war ich immer faszinierter, bis er nach der zweiten Woche wirklich selbstbewusster, arroganter und selbstsicherer wurde und sogar darum bat, rohes Fleisch zu essen, rotes Fleisch.

Ich willigte ein und kaufte ihn. Von da an, und jeden Tag bis zur letzten Woche, kamen eine Reihe grausamer Geschichten ans Licht. Geschichten, die jeden aufregen würden, aber mich berührten sie nicht so sehr. Ich bleibe unbeeindruckt und distanziert von all dem.

Ich besaß schon immer diese seltsame Fähigkeit, mich angesichts von Widrigkeiten und unmöglichen Situationen in eine andere Dimension zu versetzen. Tagträumen, könnte man sagen. Obwohl ich lächeln oder nicken kann, kann ich verschwinden und alles vergessen.

Alles andere wird jedoch in meinem Gehirn gespeichert und taucht später wieder auf. In unmöglichen Situationen handelte mein

Unterbewusstsein für mich, um Peinlichkeiten oder Panik zu vermeiden. Es wäre katastrophal gewesen, wenn G sein Vertrauen und seine Empathie verloren hätte.

Ich war hilflos, verlassen und mit leeren Händen, aber diese Fähigkeit, die Zeit anzuhalten (und sie nicht zu zeigen), rettete mich vor dem Schlimmsten und vor dem Tod.

Am Ende der zweiten Woche brach G auf dem Bürgersteig zusammen und schrie vor Schmerzen. Seine Schmerzen waren unerträglich. Ich glaube, es war ein tiefsitzender Tumor, obwohl ich dies nie von den Ärzten bestätigen lassen konnte. Er starb 48 Stunden später im Krankenhaus.

Ich konnte mich nie von ihm verabschieden und sah ihn nie wieder, nicht einmal seinen leblosen Körper. Ich fragte die Ärzte und Krankenschwestern im Krankenhaus, ob ich eine Beerdigung organisieren könnte, aber mir wurde gesagt, dass die „Behörden" sich darum kümmern würden. Ich sah keinen Grund, mich zu beschweren oder diese Entscheidung anzufechten, und verließ das Krankenhaus halluzinierend, noch verzweifelter und fassungsloser als bei unseren täglichen Sitzungen. Wer ist G – Gordon Griffin –? Heißt er wirklich Gordon Griffin? War sein ganzes Leben bis zu diesem Zeitpunkt nur ein Produkt seiner blühenden Fantasie? Ich wurde Zeuge seines unersättlichen Appetits auf rohes Fleisch, und ein gewisser Sadismus war in seinem Verhalten deutlich zu erkennen. Er wurde in einem Vorort von Ann Arbor, einer Stadt in Michigan, geboren. Seine Eltern lebten nie zusammen, er selbst jedoch bei seinem Vater. Soweit er sich erinnern kann, glaubte er, vier Brüder zu haben, aber sie trennten sich, als er zwei Jahre alt war.

wurden in Pflegefamilien untergebracht. Seine Mutter kam in eine Irrenanstalt.

Er hatte Schwierigkeiten in der Schule, weil er nichts verstand und die Lehrer sich nicht an ihn erinnerten. Es waren durchschnittlich 30 Schüler in der Klasse. „Zu viele Leute" und „zu laut", um etwas zu lernen. Sein Vater nahm ihn jeden Sonntag mit in die Baptistenkirche. Er lebte in einer Zweizimmerwohnung am Rande eines Vororts von Ann Arbor, einer Stadt in Michigan. Genau wie

Roosevelt. Die Wohnung hatte eine winzige, schon sehr alte Küche, ein winziges Badezimmer mit Badewanne, und alles war schmutzig, weil niemand sauber machte.

Sein Vater war sehr streng. Er war um 19 Uhr im Bett und musste jeden Tag um 6 Uhr aufstehen, bis er beschloss, wegzulaufen. Wenn er zu spät zur Schule kam oder seinen Vater verärgerte, musste er sich mit heruntergezogener Hose und Unterwäsche mit dem Gesicht nach unten aufs Bett legen und wurde brutal mit dem Gürtel oder der Bullenpeitsche seines Vaters ausgepeitscht. Zu Hause gab es viele Peitschen, wie sie für Pferde verwendet werden. Er kann sich an keinen einzigen Tag erinnern, an dem er nicht geschlagen wurde. Ich sagte ihm, dass es unmöglich sei, eine solche Behandlung täglich zu ertragen. Warum hatte er es seinen Lehrern, seinem Priester oder seinem Arzt nicht erzählt? Sein Vater kannte sie alle gut. Es war eine Kleinstadt, also wäre es schlimmer gewesen. Sein Klassenlehrer hatte ihn mehrmals geschlagen, nur weil er im Unterricht war, aber der Lehrer schlug jeden. Auch der Priester schlug ihn, weil sein Vater ihm sagte, er brauche Disziplin. G erzählte mir: „Mein Vater ließ mich oft ein paar Minuten vor den Schlägen kalt duschen, damit die Schläge schmerzhafter waren, aber weniger

Spuren auf meinem nackten Hintern hinterließen.
Manchmal wurde er wütend und hörte nicht mehr
auf. Je mehr ich ihn anflehte, desto härter schlug er
auf meinen Hintern. Es schien, als dauerte es
mindestens eine halbe Stunde. Dann blieb ich auf
dem Bauch liegen und musste meine Wunden lecken,
bis ich einschlief. Ich berührte oft meinen Hintern und
meine Hände bluteten." Es passierte nur, als ich das
Gefühl hatte, es dauerte 30 Minuten.

Je mehr Schmerzen jemand erträgt, desto mehr
wünscht er sich mehr davon oder wird gegenüber
allem Leid taub. Es wird zur Routine, und der
Verstand hält es für notwendig. G erinnerte sich
daran, wie er noch Windeln trug und sein Vater sie
ihm auszog, um ihn zu versohlen.

Dann ließ er ihn allein im verschlossenen
Badezimmer weinen.

Als Erwachsener wünscht sich das Opfer, dass
jemand anderes leiden würde oder dass es jemanden
finden würde, der diese Routine aufrechterhält und
den Schmerz jeden Tag spürt. Es ist keine Tortur
mehr, sondern eine Notwendigkeit, eine Suche nach
Selbstfindung.

Wenn ich nur zwei Männer und keine jungen
Mädchen oder Frauen auf der Straße angesprochen

habe, dann einfach, weil es schlicht unmöglich ist. Für
eine Frau ist es eine noch katastrophalere Situation,
auf der Straße zu landen, und sie hält nie lange an. Sie
werden entweder von spezialisierten Organisationen
oder von Zuhältern und anderen Gangstern gerettet.
Ich habe nie versucht, einem Mädchen auf der Straße
zu helfen oder auch nur mit ihm zu reden, und ich
habe selten eines gesehen. Sie könnte eine Einladung
annehmen und dann in Panik geraten, als würde ich
ein Mädchen auf der Straße „aufreißen". Das Wort ist
„Grooming". Männer sind anders, und ich habe es
selten getan, weil ich ihnen normalerweise Geld
zustecke, und ich glaube nicht, dass sie es
missbrauchen würden, entgegen der Behauptungen
der Obdachlosenhilfe. Selbst wenn sie Drogen kaufen,
macht es sie zumindest für kurze Zeit glücklich. Im
Fall von G und Roosevelt fühlte ich mich buchstäblich
von ihrem erschreckenden Zustand angezogen. Nicht
sexuell, ganz im Gegenteil, aber es gab ein
Mysterium, das mich zu ihnen hinzog. Es gab etwas,
das ich wissen und herausfinden musste. Meine
Mutter wurde vergewaltigt, und das war meine
Vorstellung von Vergewaltigung, und ich nehme
Vergewaltigung nicht auf die leichte Schulter. Ich
habe zu dem Thema recherchiert, und G war
vielleicht eine Erweiterung davon. In meinem Film
Speed of Light gibt es eine Figur namens G1. Ich habe

nie wirklich verstanden, warum ich Gordon wieder G nannte, vielleicht einfach, weil der erste Buchstabe seines Namens G war. In Speed of Light war meine Figur ein armer Kerl, der Zeit in einem verlassenen Lagerhaus und träumte davon, seine imaginäre Freundin zu treffen, bevor er sich dazu zwang. Wir verbrachten Monate vor den Dreharbeiten damit, die Szene zu perfektionieren, und ich entschied, dass sie sie separat über die Aufnahmen des Hauses erzählen sollten. Ihnen gefiel die Idee nicht, und die Produzenten lehnten ab.

Sie hatten Sex und verwendeten dabei einen Teil des Textes, den ich ihnen gegeben hatte.

Ich gebe es zu. Ich fand ihn weder gut noch schrecklich, nur dumm.

Die Szene wurde vom Regieassistenten auf mehrere Websites hochgeladen, und ich fand sie abstoßend. Der Film erhielt keine Altersfreigabe unter 18 in Großbritannien und keine Altersfreigabe unter R in den USA. Die DVD, untertitelt in sechs Sprachen und vier Formaten, verkaufte sich hervorragend, und das Soundtrack-Album wurde mit Gold ausgezeichnet. Einen solchen Erfolg hatte ich seit den 1980er-Jahren nicht mehr. Um dem Ganzen die Krone aufzusetzen, erstellte ich einen Soundkatalog mit 300 Klingeltönen,

Autoalarmen und Türklingeln, mit Bildern aus
„Speed of Light" und anderen Filmen als
Hintergrund. Dieser Katalog tourte um die Welt und
verkaufte sich millionenfach. Damals, im Jahr 2008,
verkaufte ich ihn direkt bei den Telefongesellschaften,
im Gegensatz zum Website-Monopol einiger Silicon-
Valley-Unternehmen, die ständig die Zahlen frisieren,
um nicht viel bezahlen zu müssen.

Ich war nicht sehr glücklich darüber, dass der Film so
gut lief. Tatsächlich war der Film nicht so beliebt; die
Leute kauften ihn wegen dieser „berüchtigten" Szene.
Sie war abstoßend. Als der Film in Szenen geschnitten
und auf YouTube hochgeladen wurde, tat ich alles,
um die Szene zu erklären, damit die Leute sie
verstehen und Bedenken und Einschränkungen
äußern konnten. Die Chancen, dass der Clip gesehen
wird, sind gleich null, denn auf YouTube beginnt die
Zählung der Aufrufe mit einem redaktionellen
Prozess, und der Clip muss „lustig" und „albern" sein
oder ein Song eines jungen Mainstream-Künstlers.
Jede andere Wahl bedeutet, dass der Clip als „nahe an
X" markiert wird und der Nutzer sich anmelden
muss, was die Chancen, gesehen zu werden, wie der
Rest des Films, verringert. Danach zog ich nach New
York und da ich nicht zu untätig sein wollte, traf ich
G und Roosevelt. Die Zufälle des Lebens, die uns aus

sehr unterschiedlichen Hintergründen auf den Straßen New Yorks zusammenbrachten, sind in der Tat eine mysteriöse Wissenschaft. Wenn Drogenabhängige in eine Entzugsklinik geschickt werden, finden sie alle wieder zusammen und überwinden gemeinsam ihre Sucht. Ich nehme an, dass jeder, der missbraucht wurde, irgendwann jemanden trifft, der missbraucht wurde. Missbraucht. Ich weiß nicht, ob es eine unbewusste Therapie ist, denn viele Opfer missbrauchen sie am Ende selbst – und das befürworte ich nicht – es ist beunruhigend, sich zu solchen Menschen hingezogen zu fühlen. Die meisten Serienmörder und Monster sind Männer, aber es gab auch ein paar Frauen wie Myra Stewart im England der 1960er Jahre, die schändliche Taten an Kindern begingen und sich trotzdem weigerten, den Verbleib der Leichen preiszugeben. Ich glaube, dass bei den meisten gewalttätigen Frauen ein Mutterinstinkt die Oberhand gewinnt und sie zurückhält. Bei Männern gibt es diesen Instinkt nicht. Ich weiß, es ist ein Klischee, dass Charlize Theron im Film „Monster" ein Monster spielt und lesbisch ist, was Lesben als gewalttätig und brutal charakterisiert, im Gegensatz zu der schwachen, gehorsamen Frau, die ihrem Mann unterwürfig ist. In meinem Film „Die Y2K-Akte" stieß jemand bei einer Internetrecherche auf die Geschichte eines Ogers, der eine Frau entführte, viele Kinder bekam und sie alle fraß. Wir treiben das auf die Spitze. Eine solche Geschichte gab es tatsächlich; ich fand sie 1999 im Internet, und 2008 gab es eine ähnliche Geschichte über einen Oger – einen Mann – in Österreich, der dasselbe getan hatte. Ich glaube nicht, dass dies Einzelfälle sind, und es ist dringender denn je, dass wirksame Regierungsbehörden und -organisationen schnell auf Fälle von Vermissten, häuslicher Gewalt, Blutergüssen oder Vergewaltigungen reagieren. Solche Dinge sollten nie passieren, aber sie passieren, weil sie nicht gemeldet werden, weil wir Angst haben, unser Leben auf den Kopf zu stellen, oder einfach aus Angst, von den Behörden verhört und sehr oft von der Polizei kurzerhand abgewiesen zu werden. Die meisten Frauen melden eine Vergewaltigung nie, aus Angst, den Vorfall unter den brutalen Verhören von Polizei und Behörden noch einmal zu erleben. Es ist unfassbar, dass unsere Behörden im 21. Jahrhundert keine Maßnahmen ergriffen haben, um Opfer eines solchen unverschuldeten Verbrechens aufzunehmen. Weltweit gibt es derzeit keinen wirklichen Schutz für Kinder und Frauen, geschweige denn präventive Aufklärung. Vergewaltigung und Gewalt gegen Kinder und Frauen werden zunehmend normalisiert. Nach der Vergewaltigung meiner Mutter durch zwei

Männer, darunter ihren eigenen Vater, meinen
Großvater – ich habe also offiziell zwei biologische
Väter, und der Prozess, all dies herauszufinden,
dauerte offiziell 30 Jahre – war sie nie wieder
dieselbe. Ihr Leben war völlig zerstört, und sie konnte
nicht mehr für mich sorgen. Ich kam in Pflege. In
Pflege bei ihrer Schwester, meiner Tante, und deren
Mann, der alkoholkrank und brutal geworden war.

Der Mann meiner Tante folgte mir einmal mit einem
scharfen Küchenmesser in unsere Wohnung, besessen
von seiner üblichen, alkoholfreien Wut, die er mit
Gewalttaten kompensierte. Als ich zur Haustür eilte,
stand der Besitzer des Gebäudes darüber im
Türrahmen, panisch von all den Schreien und dem
Lärm. Als er den Mann meiner Tante mit einem
Messer in der Hand und mich stark blutend und mit
zerfetzter Nase sah, befahl er dem Monster
anzuhalten, packte mich und brachte mich ins nächste
Krankenhaus. Obwohl sich das Personal um mich
kümmerte, linderte das weder den körperlichen und
seelischen Schmerz noch den Schmerz, vom
Jugendamt befragt zu werden. Wenigstens war ich
nicht allein. Manchmal suchte ich Zuflucht im
Badezimmer, aber er trat wie verrückt und
unermüdlich gegen die Tür, und das muss eine
Stunde lang gedauert haben. Erst wenn ich spürte,

dass er kurz vor dem Zusammenbruch und der Erschöpfung stand, öffnete ich nervös die Tür, rannte in mein Zimmer nebenan und flüchtete durch das Fenster. Wenigstens waren wir im Erdgeschoss, sonst wäre ich beim Sprung aus dem Fenster umgekommen. Damals dachte ich oft an Selbstmord und versuchte es tatsächlich. An diesem Tag, nachdem ich weggelaufen war und in einem Park anhielt, weinte ich stundenlang und fragte mich, warum das passierte, warum ich hier war und warum ich das verdient hatte. Ich war allein. Obwohl die tibetische Philosophie besagt, dass wir allein geboren werden und allein sterben, glaube ich fest daran, dass wir auch allein aufwachsen und leben. Kein Kind verdient es, auf diese Weise geschlagen, niedergeschlagen und misshandelt zu werden. Tatsächlich sollte kein Mensch oder anderes Mitglied des Tierreichs solch einen Horror ertragen müssen. Ich denke oft und glaube fest daran, dass jeder verantwortlich ist. Jeder ist verantwortlich. Jeder vertuscht die Verbrechen des anderen. Jeder hat Angst, etwas zu sagen, aus Angst vor den Konsequenzen, aus Angst, Ärger zu bekommen, also vertuschen wir es. Wir haben Angst, aber wir sind alle verantwortlich. Jeder strebt nach einem friedlichen und erfolgreichen Leben, also ist es besser, sich nicht einzumischen. Wir wurden geboren, um missbraucht zu werden, und wir sind geborene Aggressoren; nur dass sich die Rolle oft ändert und das Opfer sich in einen Aggressor verwandeln kann, um Rache zu nehmen. Ich nenne die Täter Monster oder Bestien, aber ich habe auch Mitgefühl mit ihnen. Diese Menschen zu töten ist sinnlos; der Schaden ist angerichtet. Wir können nur versuchen, den Schaden zu beheben, und wenn Rehabilitation erfolglos ist, könnten wir eine Operation in Betracht ziehen. Psychochirurgie (des Gehirns) hat bisher nie funktioniert und wird zu oft missbraucht, um jemanden politisch zum Schweigen zu bringen; sie muss daher reguliert werden. Für Serienvergewaltiger ist nur die chemische Kastration möglich, wenn andere Behandlungen versagen. Der Mann meiner Tante war schwerer Alkoholiker. Warum wird dann immer noch Alkohol verkauft? Ich mochte ihn nie, und es mag einen Zusammenhang geben, aber ich bin entschieden dagegen. Wer hat all die Drogen im Land zugelassen? Warum lassen wir zu, dass Menschen süchtig werden? Warum haben wir das Gefühl, süchtig sein zu müssen, um unser Leben zu überleben? Auch ohne Vergewaltigung ist Zeugung ein Gewaltakt. Sex ist Gewalt, und eine Geburt ist es für die Mutter noch mehr. Meine Mutter versuchte, ihr Baby – das war ich – als Kind vor sich selbst zu verstecken und tat so, als hätte sie zugenommen. Sie brachte das Kind allein zur Welt, und ich kann mir nicht vorstellen, wie katastrophal das gewesen sein muss. Ich habe mich oft gefragt, wie es passiert ist. Wer? Das Durchtrennen der Nabelschnur? Hoffentlich gab es kein Blut.

Der Nachbar, neugierig, ein Baby weinen zu hören, kam herein, und meine Mutter wurde schließlich ins Krankenhaus gebracht.

Mein Großvater wusste von der Zeugung, da er vor Ort war. Er versuchte, das Baby loszuwerden, aber ohne Erfolg.

Abtreibung war keine Lösung. Mein Großvater organisierte sogar einen Ausflug in die Berge und zwang sie zum Skifahren, aber sie konnte nicht Ski fahren. Obwohl sie sagte, dass es ihr nicht gut ging – zwei Wochen vor dem Geburtstermin –, fuhr sie hin. Mein Onkel erinnerte sich, dass ich ihn fragte, ob sie gestürzt sei, und er antwortete ganz beiläufig, dass sie das getan habe, dass sie es mehrmals getan habe und nicht Ski fahren könne. Sie trank viel, besonders abends während ihrer Schwangerschaft, und trank täglich viel Kaffee und mindestens zwei Schachteln Zigaretten, um das Trauma der Vergewaltigung zu verarbeiten. Ich bin überrascht, dass ich nicht heroinabhängig, alkoholkrank oder sogar stark rauchend geworden bin.

Was den Mann meiner Tante betrifft, habe ich, wie
bereits erwähnt, alles vergessen. Ich erinnerte mich
daran, was Es war passiert, aber da alle ihr Leben
normal weiterführten, muss ich unbewusst
angenommen haben, dass es normal war. Erst 20

Jahre später, als ich Freunden zum ersten Mal
erzählte, was passiert war, waren sie entsetzt. Diese
Verwandlung erinnerte mich an die Schmerzen, mein
Weglaufen und stundenlanges Weinen oder an die
Episode, als er mich ständig schlug. Ich dachte, mein
Herz hätte aufgehört zu schlagen oder es würde zu
schnell schlagen, wie damals, als ich Tinnitus hatte.
Es fühlt sich an, als ob man Geräusche im Kopf hört,
obwohl die Geräusche in Wirklichkeit aus den Ohren
kommen. Als das Schlagen aufhörte, hörte ich mein
Herz so schnell schlagen, dass es die ganze Nacht
widerhallte. Was mich rettete, war, dass ich
irgendwie das Bedürfnis verspürte, mich zu
verteidigen, und ich wehrte mich sogar. Als er mich
durch die Wohnung jagte, warf er Stühle nach ihm.
Ich konnte mich nur verteidigen, indem ich laut
schrie, was die Aufmerksamkeit des Nachbarn
erregte. Infolgedessen entwickle ich eine Art
Wutanfall, wenn ich mich bedroht fühle, und kann
extrem wütend werden. Ich lasse diese Wut nie in

Gewalt umschlagen, aber Wut löst Gewalt aus. Der Mechanismus ist absolut beängstigend. G und Roosevelt, die beiden Charaktere in meiner Geschichte, leiden beide an Tinnitus. Ich diagnostizierte ihn bei G, und Roosevelt erzählte es mir. Es ist ziemlich offensichtlich, dass sie beide durch die Gewalt den Tinnitus bekamen. Bei mir mag er vorhanden gewesen sein, aber er manifestierte sich erst, als er begann, als ich 2014 meine Bank anrief, eine Bank, die ausländische Callcenter im vom IS besetzten Syrien nutzte, und während unseres Gesprächs eine Bombe in meinem linken Ohr explodierte. Der Ton hätte durch die Telefonleitung gedämpft werden sollen, aber es könnte auch der Nachhall gewesen sein. Die Folge: Sobald ich aufgelegt hatte, hörte ich laute Geräusche in meinem Kopf und merkte schnell, dass ich für mindestens eine Woche völlig taub war. Wie es der Zufall wollte, musste ich ein erzwungenes Gespräch über mich ergehen lassen und war einem ISIS-Mitglied ausgeliefert. Der IS ist für seine extreme Gewalt bekannt, und das ist eine andere Geschichte.

Ich frage mich, ob wir im Leben von Gewalt angezogen oder mit ihr konfrontiert werden.

Im Gegensatz zu vielen Kindesopfern von Missbrauch und sexuellem Missbrauch habe ich nie das Bedürfnis nach Rache verspürt. Es ist nicht sicher, dass alle Opfer Rache suchen, aber mit einem Ergebnis, einem Prozess und einem Urteil scheint der Schmerz endlich gelindert werden zu können. Andernfalls bleiben Schmerz und Trauma bis zum Tod bestehen.

Ich habe Psychologen und Psychiater schon immer verabscheut. Ich bin überzeugt, dass sie gefährliche Individuen sind. Entweder haben sie diesen Beruf in der vergeblichen Hoffnung gewählt, ihre eigenen Probleme zu lösen, oder sie sind selbst verkleidete Missbrauchstäter. Es gibt keine Vorschriften. Das Urteil eines Psychiaters, wie schlecht es auch sein mag, kann ein Leben zerstören. Meine Tante hatte einen Abschluss in Psychologie, war bipolar und litt unter vielen anderen gesundheitlichen Problemen. Sie wurde als Kind von ihrem Vater misshandelt, der ebenfalls extrem gewalttätig war. Sie erzählte mir, dass sie es vorzog, wenn ihre Mutter (ihre zweite Frau) sie „auspeitschte", weil das weniger brutal war. Das zu hören, machte mich wirklich wütend. Als ich von den Psychologen befragt wurde, fühlte ich mich wirklich bestraft, weil ich es gewagt hatte, diese Gewaltsituation zu melden. Sie haben mir sowieso nie geholfen, also wozu? Der Grund, warum das Jugendamt mich nicht aus dieser missbräuchlichen

287

Beziehung herausholen konnte, ist genau das, was G sagte, als ich sie fragte, warum der Lehrer, der Priester usw. gehandelt hätten. Hätten sie nicht gehandelt oder selbst nur so getan, als ob, hätten sie den Prozess schnell beendet: „Sie kennen sich alle."

Der Überlebensinstinkt ist mit jedem Missbrauch verbunden: Er muss geheim gehalten werden, zumindest so lange wie möglich, aus Angst, dass er schlimmer wird.

Zumindest kann geheim gehaltener Missbrauch immer als normal angesehen werden – für alle Beteiligten, einschließlich des Opfers – und ignoriert werden, was dann zur Notwendigkeit wird.

Mein Wachstumsprozess.

Ich möchte klarstellen, dass ich fest davon überzeugt bin, dass es notwendig ist, jeden Protagonisten als das zu definieren, was er ist: den Aggressor und den Missbrauchten, nicht das „Opfer", denn jeder kann behaupten, ein Opfer zu sein, und das hat seine Bedeutung verloren.

Die zweite Woche unserer täglichen Interviews mit G war die reinste Folter. Jedes Detail von G anzuhören, von seiner Vorliebe für rohes Fleisch bis hin zu seinen Anfängen, Menschenfleisch zu essen, war erschöpfend. Ich überlebte die Tortur dank meiner Fähigkeit zur Realitätsflucht, die ich als Kind oft nutzte. Ich lernte, stoisch und unerschütterlich zu bleiben.

Dank dieser Fähigkeit, während eines Gesprächs oder einer unmöglichen Situation zu träumen und an einen anderen Ort, in eine andere Dimension, so weit wie möglich, versetzt zu werden, rettete ich mich. Es rettete mich, und ich durfte nicht in Panik geraten. Ich musste mutig bleiben und lächeln, wenn es nötig war, denn ich wollte nicht bei lebendigem Leib gefressen werden. Ich war vielleicht nicht da, als er mir erzählte, was ihm passiert war und was die Folgen waren. Aber meine Erinnerung war da und kam zurück, als ich sie brauchte. Damit dieser Prozess funktioniert, ist es besser, wenn ich allein bin. Ich habe die sechs „Morde" von G in T wiederverwendet. Ich war überzeugt, dass er diese Morde wirklich begangen hatte. Ich bin auch davon überzeugt, dass Mord und Kannibalismus häufiger vorkommen als allgemein angenommen und dass sie endemisch sein könnten. Schließlich verschwinden Tausende, sogar Hunderttausende von Menschen auf der ganzen Welt und tauchen nie wieder auf. Ich habe den opernhaften

Mystery-Thriller „The Y2K File" geschrieben und Regie geführt. Er ist weitgehend inspiriert von der Geschichte von Myra Hindley und ihrem Partner im England der 1960er Jahre, als sie Kinder entführten, folterten und sexuell missbrauchten. All das überzeugte mich, mich mit diesem Thema und ihrer unaussprechlichen Grausamkeit gegenüber Kindern zu befassen, die alle Grausamkeit übersteigt, denn selbst im Gefängnis weigerte sie sich zu sagen, wann einige dieser Kinder begraben wurden. Der Film ist außerdem inspiriert von einem österreichischen Nachrichtenbericht aus dem Jahr 2007 über einen Oger, der eine Frau jahrelang entführte, viele Kinder zur Welt brachte und einige von ihnen dann aß.

Der Film wird aus der Sicht eines 18-jährigen Mannes gesehen, der seine Familie bei einem Brand verlor, der das Familienhaus zerstörte, und der versucht, einen Sinn in all dem zu finden, allein in einem verlassenen Haus, heimgesucht von einem Oger, der dort gelebt und die verstümmelten Kinder in einem Bunker im Keller zurückgelassen hatte.

Nach Fertigstellung des Films wurde er in England von der Zensur nicht erfasst und war nur für Personen über 18 Jahren zugänglich. Ich lud 22 Freunde, Bekannte, Schauspieler und deren Freunde ein, den Film anzusehen. Obwohl sie den Film und die Geschichte gut gemacht und originell fanden, waren nur wenige so bewegend wie ich. Ich wartete zehn Jahre, bevor ich den Film veröffentlichte, und selbst dann ging ich es sehr langsam an: Ich veröffentlichte ihn als Audioalbum und dreizehn Singles mit einem Bild aus jedem Kapitel auf dem Cover. Es ist wichtig, dass der Schrecken und die Grausamkeit erzählt werden, damit andere sie nachvollziehen und erleben können. Es gibt noch viel zu tun. Es geht nicht darum, sie zu beschönigen; es geht darum, dass jeder die Anzeichen erkennt, weiß, wie er reagieren und wie er sie verhindern kann. Es scheint unglaublich, dass es Jahre dauert, bis ein Oger, ein Serienmörder oder ein Tier verhaftet wird, dass jeder ungestraft handeln kann und dass niemand sie aufhalten kann, selbst wenn sie in einem Teufelskreis gefangen sind: Sie verbergen die Fakten, ignorieren sie aus Angst, verwickelt zu werden, aus Angst, dass andere die Person, die versucht, solche Verbrechen zu verhindern oder zu melden, falsch einstufen. Für „Burning from Within" hatte ich zwischen 1997 und 2003 die Gelegenheit, mehr als 101 Mitglieder eines nigerianischen Stammes zu interviewen, in einer extrem instabilen Region, in der die Ölförderung unermessliche Umweltschäden verursacht, die nigerianische Armee regelmäßig die Häuser von Gegnern niederbrennt, Frauen

routinemäßig von Soldaten und Gangstern
vergewaltigt werden und Homosexuelle bei ihrer
Gefangennahme lebendig verbrannt werden können.
Solche Schrecken gibt es, aber niemand will sie sehen.
Die Präsentation wurde vielleicht durch mich
behindert, da mir viele vorwarfen, die
Abschlusspräsentation zu sabotieren. Aber ich wollte,
dass der Film in Schwarzweiß ist. Für mich, den
einzigen Weißen inmitten einer Flut von
Schwarzafrikanern, war das eine Notwendigkeit. Ich
fand ihre Gesichter bemerkenswert und ihren Mut in
Schwarzweiß noch deutlicher. Eine Person, die ich
interviewte, hatte eine Gesichtshälfte aufgerissen und
am Tag zuvor mit Hilfe einer lokalen Miliz mehr als
30 Nigerianer von einer Bohrinsel vor der
nigerianischen Küste entführt. Fast alle Geiseln
wurden getötet. Ich erfuhr Sekunden vor meinem
Interview von seiner Ankunft.

Dokumentarfilme sind wie Kino: Um erfolgreich zu
sein, muss man fiktive Szenen oder Situationen
schaffen; man braucht ein Element der Fiktion, um als
Sachbuch zu gelten. Im Fall von „Burning from the
Inside" oder „The Y2K File" wird die Geschichte zu
real und viel zu schrecklich, um sie zu begreifen,
geschweige denn zu verarbeiten, und das Publikum
wird dazu nicht in der Lage sein. Und lauf weg. Es

gibt eine Realität, die viel zu beängstigend ist, um damit umzugehen.

Im Jahr 2000 hatte ich die Idee von Zwölf Kandidaten für einen Reality-TV-Piloten wurden im Dunkeln gesperrt, mit Kameras überall. Doch die Nachtsichtkameras mussten schwarz-weiß sein, was die Produzenten erneut abschreckte. Grüne Nachtsicht wäre vielleicht in Ordnung gewesen, aber nicht das Schwarz-Weiß von Schwarz-Weiß-Nachtkameras – ein Tabu. Auch der Inhalt wurde zu viel, da wir sie beim Schlafen, Duschen oder Essen filmten. Die Regeln sahen vor, dass sie einen Monat lang im Dunkeln bleiben mussten, um zu gewinnen. Diese Tortur war jedoch nur von kurzer Dauer, und kein Kandidat überlebte länger als eine Woche; mehr als 400 Stunden Filmmaterial wurden archiviert. Jeden Tag gab es Sitzungen, in denen sie befragt und mit einem K-Thermometer untersucht wurden, einer Kelvin-Messung zur Messung der hohen Frequenzen des Gehirns (und des Geistes). Menschen haben viel zu viel Angst vor der Dunkelheit. Manche glauben, dass man Krankheiten, Sucht, Massenmord oder Vergewaltigung heilen kann, indem man jemanden zwingt, andere zu ignorieren. Ich nannte dies das „Est"-Experiment (für „Elektroschockbehandlung").

Da das Experiment nur von kurzer Dauer war,

werden wir nie erfahren, ob es tatsächlich
funktioniert.

2023 restaurierten wir zwei Stunden Filmmaterial,
unterteilten den Film in kleine Kapitel und stellten
ihn unter dem Titel „Zwischen Zeit und Raum"
online.

Was uns motiviert, Menschen zu interviewen und
ihnen zuzuhören, bleibt ein Rätsel. Vielleicht ist es der
Wunsch, uns selbst besser kennenzulernen, von
anderen zu lernen, wie man sich verhält oder nicht.
Es scheint zu einer Lebensaufgabe oder einem
Gegenmittel geworden zu sein. Nachdem ich über 300
Interviews mit meinem Produzenten James Hogan,
einem der zehn wichtigsten Berater der City für die
Unternehmensberatung Brunswick, geführt und drei
Premierminister und Mitglieder der königlichen
Familie beraten habe, scheint es unendlich viele
Menschen zu geben, die wir interviewen könnten.
Mal per Audio, mal per Video. Wir haben mit der
Edinburgh Business School zusammengearbeitet und
CEOs britischer Unternehmen interviewt. Wir
interviewten hochrangige Regierungsberater und
einen der Hauptverdächtigen, die Finanzkrise von
2008 verursacht zu haben. Das einstündige Interview
konzentrierte sich auf psychische Gesundheit, ein
Thema, für das er sich seit seiner

Zwangspensionierung einsetzt. Katastrophen, Serienmörder, Serienvergewaltiger und Monster verstecken sich alle im Schatten der psychischen Gesundheit. Handeln Sie! Jeder kann Opfer sein und leiden, aber in diesem Fall kann niemand helfen, denn alle leiden und brauchen Behandlung. Die Welt ist zum Untergang verurteilt, weil Menschen sich oft gegenseitig misshandeln und töten. Man kann Hilfe suchen, aber die angebotene Hilfe verschlimmert die Situation. Ohne echte und wirksame Therapie können wir nur weitermachen, und niemand kann besser helfen als wir selbst; wir sind allein auf der Welt, besonders wenn Unaussprechliches und unaussprechliches begangen wurde.

Wir müssen weitermachen! Doch ich kämpfe dagegen an und möchte immer die Welt verändern. Wir brauchen Alarmglocken, unparteiische und vorurteilsfreie Hilfe. Um gestehen, verhaftet oder geführt werden zu können. Damit würden wir präventiv handeln und das Schlimmste verhindern. Irgendwie sind wir schon so weit über dieses Stadium hinaus, dass die Menschheit sich sogar darüber zu freuen scheint. Wir verfolgen keine Strafverfolgung mehr, die Gefängnisse sind überfüllt, extreme Gewalt ist auf den Straßen allgegenwärtig, und wir haben es sogar geschafft, Vergewaltigung zu normalisieren, ja

sogar zu legalisieren. In Frankreich wurde in den
Nachrichten ein Mann verhaftet, weil er für einen
Dealer Kokain geschmuggelt hatte. Während seiner
Verhaftung und seiner Verteidigung vor Gericht –
bevor er inhaftiert wurde – gab er an, er könne weder
seine Familie ernähren noch Hilfe bekommen – was,
wie bestätigt wurde, stimmt. Menschen sterben an
Drogen. Warum lassen wir das zu? Es gibt keine
Alarmglocken, niemanden, der um Hilfe ruft. Also tut
jeder, was er tun muss, ungeachtet der
Konsequenzen, selbst wenn Menschen sterben. Mehr
als überraschend ist, dass wir den Mörder überhaupt
ins Gefängnis stecken. Natürlich sind die Kosten
enorm – ganz zu schweigen von den bereits
entstandenen menschlichen Verlusten – enorme
Kosten für den Steuerzahler, ganz zu schweigen von
den Familien aller Opfer. Die Logik dahinter ist
undurchsichtig, erstaunlich! Ich höre hier auf.

Roosevelt und ich.

Franklin Roosevelt wurde in Little Rock, Arkansas, geboren. Ohne Vater landete er in der Obhut seiner Mutter, die ihn hasste. Seine Mutter war starke Raucherin und trank den ganzen Tag Kaffee, aber keinen Alkohol. Roosevelt glaubte, seine Geburt sei die Folge eines Unfalls oder einer Er wurde vergewaltigt, weil seine Mutter Männer hasste: Sie schrie ihn ständig an und sagte ihm, alle Männer seien die Abscheulichsten. Er wusste nie, ob seine Mutter Frauen mochte, denn sie verhielt sich ihnen gegenüber extrem gewalttätig. Eines Tages war eine seiner Cousinen zu Hause, und sie schlug sie, sodass sie zu Boden fiel. Sie misshandelte auch seine jüngere Schwester, obwohl sie immer wieder in die kleine Wohnung zurückkehrten, in der sie lebten. Roosevelt erzählte mir: „Er hatte drei Schlafzimmer, und zuerst schlief ich bei meiner Mutter. Als Baby tat ich es, wenn er weinte oder ohne ersichtlichen Grund. Mit zwei Jahren zerrte sie mich über den Boden und schlug mir in den Bauch. Ihre Schwester war da, und obwohl sie mir half, nach mir zu sehen, musste sie sich meiner Mutter stellen und es kam zu einem heftigen Streit." »

Von diesem Moment an wurde Roosevelt in das dritte
Zimmer, eine kleine Kammer, gesperrt; das zweite
Zimmer war das Wohnzimmer. Die Bestrafungen
hörten nie auf, und wenn er krank war oder weinte,
wurde er mit einem Ledergürtel ausgepeitscht. Als er
fünf Jahre alt war, kam seine Mutter eines
Nachmittags mit einem Holzstock herein und befahl
mir, mich nackt auf ihr Bett zu legen. Sie schlug ihm
so heftig auf den Hintern, dass er stark blutete. Es
schien ihm, als würde der Schmerz eine Stunde
anhalten, und er spürte ihn noch immer. Doch er
hörte erst auf, als die Nachbarn, alarmiert durch seine
Schreie, in die Wohnung und ins Schlafzimmer
stürmten und sich seiner Mutter auf frischer Tat
gegenübersahen. Der Nachbar versuchte, sie
aufzuhalten, doch einer von ihnen rief die Polizei. Bei
seiner Ankunft befanden sich einige Nachbarn und
Roosevelt selbst in einem so schlechten Zustand, dass
sie alle ins Krankenhaus gebracht werden mussten.
Roosevelt blieb einen Monat im Krankenhaus, seine
Mutter wurde zu Recht inhaftiert, und das war das
Letzte, was er von ihr hörte. Roosevelt kam
anschließend in ein Waisenhaus und zog schließlich
für zwei Jahre nach Ann Harbor, Michigan. Eine
ereignislose Zeit, in der er keine Freunde fand und

mit niemandem interagierte, aber zumindest hatte er
Ruhe und Zeit, um zu genesen. Er lernte schreiben
und kam mit sieben Jahren in ein anderes Waisenhaus
und dann in eine Pflegefamilie. Die Abwesenheit
einer Ehefrau oder eines Ehepartners ist für
Pflegefamilien ungewöhnlich, doch der Mann war ein
ehemaliger Armeeoffizier und Krankenpfleger.
Obwohl selten anwesend, war seine Pflegefamilie
freundlich und hilfsbereit. Sie ermutigte ihn in seinem
Studium und er erzielte sogar gute Noten in der High
School.

Es gab keine Liebe wie in einem liebevollen Zuhause,
sondern ein friedliches Zuhause. Roosevelt hatte in
der Schule nie Freunde gefunden, war gut erzogen
worden, streng, aber nicht übermäßig militarisiert,
und sicherlich nicht gewalttätig.

Mit 18 Jahren starb seine Pflegefamilie plötzlich.
Entfernte Cousins kamen, räumten das Haus und
Roosevelt selbst. Er musste gehen, seine kleine Tasche
enthielt nur ein paar Kleider und Bücher. Er hatte fast
kein Geld mehr, nur ein wenig Taschengeld. An
einem schönen Frühlingsmorgen verbrachte er einen
halben Tag damit, durch die Straßen zu irren und sich
zu fragen, wohin er gehen sollte. Er hielt an der
Greyhound-Bushaltestelle.

Er überflog die Reiseanzeigen auf einer Plakatwand und erblickte New York City. New York schien groß undvielversprechend, und das Geld reichte gerade für das Ticket. Er

Verbrachte ein paar Tage mit Reisen, Schlafen, Lesen und Träumen von einem zukünftigen Leben in New York.

Nach seiner Ankunft, voller Hoffnung, ohne Geld und Plan, lief er durch die Straßen Manhattans. Er landete am Union Square, von dem er bereits gehört hatte. Und da war er. Der Markt war da, florierte, er war hungrig und konnte sich kaum ein Sandwich leisten.

Man sagt, es gibt keine Zufälle im Leben und alles geschieht aus einem bestimmten Grund. Mit zehn Jahren hörte er auf, Fleisch zu essen. Er mochte Fleisch nie. Seine Pflegefamilie kümmerte sich nie darum, und so wuchs er auf. An diesem Tag, Punkt 12 Uhr, hörte ich ihn den Verkäufer fragen, ob er kein Fleisch in seinem Sandwich habe, und der Verkäufer bestätigte es. Ich hörte das, ich sah mich um und lächelte Roosevelt an, der zurücklächelte. Dann trat ich zurück und setzte mich auf eine Bank, um ein paar Papiere wegzulegen, und da saß er neben mir. Wir sahen uns unweigerlich an, und er sagte, New

York sei eine riesige Stadt. Ich habe es nie gemocht,
Leute zu fragen, woher sie kamen, oder gefragt zu
werden, aber ich verspürte den Drang, ihn zu fragen.
Er hatte etwas Unglaubliches an sich, und ich fühlte
mich gezwungen, ihn zu fragen, woher er kam. Er
erzählte es mir, und ich fragte ihn, was er in New
York mache. Er fing an zu weinen, zu schreien und
war außer sich. Er muss eine Stunde lang geweint
haben. Dann ging ich zu ihm und umarmte ihn. Er
war zutiefst schockiert und sagte mir, dass ihn noch
nie jemand umarmt hätte.

Ich kann mich nicht erinnern, jemals von meiner
Tante oder ihrem Mann umarmt worden zu sein, als
ich bei ihnen wohnte, daher war ich in dieser Hinsicht
nicht überrascht. Ich ging mit ihm zu Whole Foods,
und wir tranken Tee und aßen Kekse. Es war der erste
von 32 Tagen unzerbrechlicher Freundschaft. Er
erzählte mir von sich und seiner Kindheit, und ich
erzählte ihm von mir. Ich buchte ihm ein
Hotelzimmer, verköstigte ihn und bezahlte seine
Ausgaben. Roosevelt träumte davon, aufs College zu
gehen, Sozialwissenschaften zu studieren und
Politiker zu werden. Seine Art, die Welt zu
verändern. Er träumte auch davon, eine Frau zu
finden und Kinder zu haben, eine Familie zu
gründen, die er nie hatte, und seinen Kindern ein

liebevoller Vater und Ehemann zu sein. Im Laufe der Tage hatte auch ich eine Menge Papierkram zu erledigen, under wurde zu einer echten Bereicherung und zu meinem Assistenten.

Wir versuchten, Lösungen zu finden, damit er ein Universitätsstudium beginnen und die nötige Finanzierung erhalten konnte.

Im Gegensatz zu mir hatte er noch nie ein Formular ausfüllen müssen, und ich war auf dieses Gebiet spezialisiert. Sich in England um Lotterie-Finanzhilfen oder Steuergutschriften zu bewerben, und das zwei Jahrzehnte lang, ist der einzige Weg zum Erfolg; man wird zum Meister im Ausfüllen von Formularen.

Ohne sein Wissen schrieb ich einen Teil seiner Geschichte – nicht den schrecklichen und abstoßenden Teil, sondern im Wesentlichen den Teil darüber, wie er beinahe zum Waisen geworden wäre.

Roosevelt bekam einen Studienplatz an einer New Yorker Universität und finanzielle Unterstützung für sein Studium angeboten. Er erzählte mir, es sei der glücklichste Tag seines Lebens gewesen. Er weinte die ganze Zeit an den Niagarafällen, genau wie an dem Tag, als ich ihn traf, aber diesmal hoffe ich, dass es Freudentränen waren. Und diesmal umarmte er mich so fest, dass ich zu Boden fiel, aber es war ein sehr glücklicher Sturz.

Ich sah Roosevelt nie wieder, aber wir schrieben E-Mails. Er ist verheiratet und hat zwei Kinder, einen Jungen und ein Mädchen.

Anscheinend benannte er seinen Sohn Nick nach mir, schickte mir Bilder und ging in die Politik. Ich würde wirklich gerne glauben, dass er der beste Politiker sein wird, der je in Amerika gelebt hat, und der beste Vater, der je auf der Erde gelebt hat.

Wie immer hänge ich an niemanden. Ich reise, ich ziehe umher und versuche, von meiner Kunst zu leben. Jedes Mal ist es ein neues Abenteuer, jedes Mal so schmerzhaft wie das letzte. Das Leben muss offengelegt und bekannt gemacht werden, damit irgendjemand irgendwo davon erfährt und jemandem helfen kann, in der brutalsten, egoistischsten und grausamsten Welt, die das Universum je geschaffen hat, zu überleben.

Dr. Joseph schreibt in seinem faszinierenden Buch „Die rechte Gehirnhälfte und das Unbewusste ", dass ein Kind immer ein Kind bleibt und dass, ob Jugendlicher oder Erwachsener, die Rolle der Kindheit in der menschlichen Entwicklung immer präsent sein wird. Er verglich das Kind im Menschen mit Bäumen, die wachsen: „Der junge Baum, der einmal nie verschwunden war. Der zentrale Kern – das Kind – wird immer da sein." Wenn wir diesen Kern – sprich den Baum – herausreißen, wird der Baum sterben. Ist der Kern schwach und krank, bleibt der erwachsene Baum, egal wie erfahren er ist, so zerbrechlich wie sein Fundament.

So wie ein lebender Baum seinen ursprünglichen Kern behält, liegt im Herzen eines jeden von uns das Kind, das wir einmal waren. Dieses Kind bildet die Grundlage dessen, wer wir geworden sind, wer wir sind und wer wir sein werden.

Obwohl Millionen von Menschen – mich eingeschlossen – unter schrecklichem Missbrauch leiden, endet nicht jeder als Massenmörder oder Monster, und ich glaube, ich bin auch keiner geworden, ganz im Gegenteil.

Ernährung und Unterernährung beeinflussen ebenfalls die Entwicklung eines Kindes und beeinträchtigen in der Folge sein Urteilsvermögen und seine kognitiven Leistungen. Es ist äußerst schwierig, wenn nicht unmöglich, diesen Prozess umzukehren.

Ich bin vielleicht nicht der intelligenteste Mensch der

Welt, aber ich habe einen extrem ausgeprägten
Geschmacks- und Geruchssinn. Ich kann mein Obst
und Gemüse riechen und am Geschmack erkennen,
ob es essbar ist. Derselbe Prozess gilt für
Berührungen, und ich bin bereit, dem Anblick eines
„aufgeblähten Gemüses" (mit hohem Pestizidgehalt)
aus dem Weg zu gehen, das zweifellos ein großes
chemisches Ungleichgewicht im Körper verursachen
und letztendlich das Gehirn schädigen wird. Das alte
Sprichwort ist mehr als wahr: „Wir sind, was wir
essen." Meine Pflegeeltern wussten, wie man sich gut
ernährt, und ich litt nie an Mangelerscheinungen.
Leider ist dies bei Millionen, wenn nicht Milliarden
von Menschen auf der Erde nicht der Fall. Meine Art
der Flucht war meine lebhafte Fantasie und meine
Lektüre. Eines meiner Lieblingsthemen ist dunkle
Materie. Meine dunkle Materie mag eine Form der
Flucht sein, aber sie ist sehr real: avoKatzen und
Dimensionen des Grauens und der Grausamkeit aus
verschiedenen Epochen koexistieren nebeneinander.
Ich möchte kein Zeitreisender sein, der durch
Dimensionen reist und von einem Albtraum zum
nächsten lebt. Dunkle Materie ist eine Materieform,
die etwa 85 % des Universums und etwa ein Viertel
seiner gesamten Energiedichte ausmacht. Sie wurde
erstmals durch astrophysikalische Beobachtungen
entdeckt, darunter unerklärliche Gravitationseffekte.

Sie wird als „dunkel" bezeichnet, weil sie mit herkömmlichen astrologischen Instrumenten nicht nachgewiesen werden kann. Man nimmt an, dass sie die „negative Dimension" ist, im Gegensatz zur „positiven Dimension", in der wir alle leben, und daher irgendeine Form von Leben enthalten muss, das der Schwerkraft trotzt. Seit Anbeginn der Menschheit geht man davon aus, dass Geist und Seele in diese Dimension reisen, sobald der Körper sterblich wird. Dies legt die Möglichkeit nahe, dass ein völlig anderes Universum innerhalb völlig undefinierbarer Parameter existiert. Die Wahrnehmung der Realität ist vielschichtig: Entweder sehen wir nichts, oder alles ist schwarz, oder alles ist weiß. Wir versuchen dann, diesen leeren Raum zu ordnen, indem wir Erinnerungen und

Elemente unserer Vorstellungskraft hinzufügen. Er wird bunt, weil dieses so geschaffene Universum viele Schichten von Landschaften enthält, verwoben mit all den Geräuschen, die unser Geist im Laufe unseres Lebens aufgenommen hat, die sich im Hintergrund gegenüberstellen und ein riesiges Rauschen bilden. Dieses Rauschen ist allgegenwärtig: Es hilft uns, geistig gesund zu bleiben.

Zusammen mit den Landschaftsschichten bauen sie eine Welt und eine Geschichte auf, sodass wir keine

Angst vor der Leere haben.

Die positive und die negative Dimension, die von vielen Rechtswissenschaftlern vorangetrieben werden, bilden einen dreidimensionalen Raum: ein geometrisches Gerüst, in dem drei Werte und Parameter notwendig sind, um die Position eines Elements (d. h. eines Punktes) zu bestimmen. Dies ist die umgangssprachliche Bedeutung des Begriffs Dimension. Die Welt besteht aus zwei Dimensionen: positiv und negativ. Das Negative ist wie die unbearbeitete Seite eines ehemaligen fotografischen Bildes. Das Positive ist die Farbwelt, in der wir leben sollen. In Wirklichkeit sind wir das nicht. Wir leben im Negativen. Wir werden dort niemals sterben. Tausende von Jahren lebende Wesen im Negativen. Es ist endlos, während wir im Positiven nur ein Leben haben. Ich habe mein ganzes Leben damit verbracht, die Dimensionen der dunklen Materie zu studieren: die erste, zweite und dritte, alle koexistierend; Jahrhunderte der Gräueltaten. Wenn es um Gräueltaten geht, können Völkermorde und der Holocaust nicht ignoriert werden. Krieg ist anders, weil ich glaube, dass es andere Wege gibt, Probleme zu lösen, aber Kriege sind ein echtes Geschäft. Ich kann es nicht ertragen, wenn Erwachsene Gewalt anwenden, solange es um einvernehmlichen

Sadomasochismus geht. Obwohl mich Kriege
abstoßen, mische ich mich nur ein, wenn Kinder
involviert sind. Ich habe zwei Großonkel, die im
Holocaust umgekommen sind. Es ist immer noch
unglaublich, dass so viele Menschen die Fakten nicht
kennen: Bei meinen Recherchen zum Holocaust stieß
ich auf JewishGen.org. Er sagte Folgendes: „Bei
JewishGen blicken wir zurück und versuchen, die
Erinnerung an das Vergangene wiederzuerlangen.
Doch Erinnerungen allein reichen nicht aus. Wir
können nicht in der Vergangenheit leben und sie auch
nicht zurückfordern. Doch wir können zulassen, dass
die Erinnerungen an die Vergangenheit uns prägen,
unsere Identität prägen und das prägen, was wir an
zukünftige Generationen weitergeben. Ich würde
behaupten, dass die Vergangenheit niemals tot ist
und immer dann zurückkehrt, wenn wir es am
wenigsten erwarten. Der Holocaust-Forscher Yehuda
Bower hat drei zusätzliche Gebote zu den
ursprünglichen Zehn Geboten Moses vorgeschlagen:
„Du sollst weder Täter noch Opfer sein, und du sollst
niemals Zuschauer sein." Die wahre Geschichte von
Kriegen sind auch die Jahre und Jahrzehnte danach,
all die Tage, die verwundete und trauernde
Überlebende ertragen müssen, um ihr Leid an
nachfolgende Generationen weiterzugeben. Ich bin
mir nicht sicher, ob ich dem zustimme. Die

Vergangenheit ist Gegenwart und Zukunft in einem.
Sie ist die Gegenwart.

Gewalt in der Sprache.

2019 begegnete ich drei „Kindern" im Alter von 10 bis 14 Jahren. Ich ging langsam hinter ihnen her und Ich hörte jedem Wort zu. Sie sprachen darüber, was jemand – und sie konnten es nicht gewesen sein – getan hatte, sondern was Erwachsene, so hoffe ich, einem homosexuellen Mann und einer homosexuellen Frau angetan hatten. Beim Filmemachen versuche ich immer, das Zeitgenössische darzustellen, und das ist essenziell, wie in Godards Filmen. Weit davon entfernt, vulgär zu sein, soll ein Film unterhalten oder informieren. Ein Film zeugt von Ereignissen, die stattgefunden haben, die noch stattfinden werden und die niemals stattfinden dürfen, und Filme können vor der Realität warnen.

Ich erinnerte mich anIch äußerte unglaublich schmutzige Dialoge und war mehr von dem abrupten Wechsel der Sprache als von ihrem Inhalt erschreckt. Dieser Inhalt wurde realer, als wir diese Szene für den Prolog und Epilog eines verbotenen Films verwendeten. Unsere Interpretation war ganz einfach: Wir baten einen Schauspieler, James Waterhouse, jemandem das gesamte Drehbuch vorzutragen. Sagen wir einfach, der Schauspieler hat zwischen den

Proben und der endgültigen Einstellung eine brillante Leistung abgeliefert. Das Problem war, dass ich es unvorstellbar fand. James rezitierte den Dialog in einem Rutsch mit bemerkenswerter Eloquenz und Geschwindigkeit. Zehn Mitglieder meines Teams und Freunde sahen diesen Film, von denen einige fast lachten oder schmunzelten über die Absurdität dieser Interpretation. Es war absurd, absurd, aber wahr! Die Produzenten und die Filmschaffenden, Janet und Jane, bestanden darauf: Wir mussten es so belassen, wie es war. Janet, eine überzeugte Feministin, glaubte daran, dass wir vorankommen könnten und dass dies eine sehr positive Wirkung haben würde. Als ich das Drehbuch wie vorgeschrieben beim British Film Institute einreichte, um Fördermittel zu erhalten, rastete die zuständige Prüferin Anna Mansi aus. Sie bat uns, sie vor der Einreichung eines solchen Drehbuchs zu warnen. Wir taten dies, und das Drehbuch wurde mit einer roten „Warnung" gekennzeichnet. Dies löste einen schrecklichen verbalen Schlagabtausch zwischen ihr, Janet und mir aus – einen Schlagabtausch, der nie hätte stattfinden dürfen, aber dennoch stattfand und dazu führte, dass wir die Finanzierung dieses und aller anderen Filme verloren. Die Situation in Großbritannien ist katastrophal, und jetzt sind es Kinder in Schulen, die Missbrauch begehen. Wir sollten zutiefst empört sein.

Filme mit solch abscheulichem Inhalt müssen überall gezeigt werden. Ich glaube nicht, dass sich so etwas wiederholen wird. Es gibt immer Möglichkeiten, Abscheu zu erregen. Es ist unfassbar, dass ein Mensch, kein Mensch, so etwas ertragen kann. Diese anhaltende Folter wird wiederum zu einem Selbstverteidigungsmechanismus, der entweder dazu dient, sich auf dem Weg ins Unglück hochzuhalten, oder zu einem Rachemechanismus, der einen menschlichen Körper in ein Monster verwandelt. Zu sagen, dass ein beruhigender Akt der Selbstverteidigung und eine Reihe von Misshandlungen die Rückkehr zur Normalität normal machen, aber natürlich würde ich ein solches Verhalten in keiner Weise gutheißen. Mitleid, ja, und großes Mitleid mit dem Opfer. Mehr denn je ist es dringend erforderlich, Anzeichen von Missbrauch zu erkennen, sobald sie auftreten, und sogar bevor sie geschehen. Sobald sie geschehen, ist es zu spät, etwas zu ändern. Ein Mörder tötet aus einem bestimmten Grund, genau wie ein Vergewaltiger oder ein Vergewaltiger. Es ist entweder ein Racheakt an etwas oder jemandem, für ein erlittenes Trauma, meist aus der Vergangenheit, das ein Mörder sein Leben lang mit sich tragen muss. Es ist ein hoher Befehl, ein Befehl des Überlebens. In Kriegszeiten ist es ein oberster Befehl: Soldaten gehorchen Befehlen, oft unter dem Einfluss starker Drogen, und weisen jede Verantwortung von sich. Das macht das Töten zu einem so leicht zu befolgenden und zu verinnerlichenden Mechanismus, wie eine banale Gewohnheit, eine notwendige und belanglose Routine.

T Regie

Ich wollte nie jahrelang auf die Finanzierung eines Films warten. Also, verfolgte ich einfach die Produktion und fand ein Team, das mir helfen wollte. Als Produzent hatte ich einen Top-Ten-Stadtrat, der auch 15 Jahre lang Regie und Produktion für die BBC geführt hatte, einen Oscar-, Emmy- und mehrfach BAFTA-prämierten Kameramann und viele Leute, die bereit waren, ihre Stimmen zu leihen, ohne zu schauspielern. Ich hatte das Filmstudio des Kameramanns in Battersea, London, und ein brillantes Team um mich. Ich habe in den 1990er Jahren Theater studiert, nicht um Schauspieler zu werden, sondern um Regie zu führen und zu kommunizieren, daher erschien mir das als ein sehr anspruchsvoller Job. Ich habe die Rollen von G, Roosevelt und Doc gespielt, anstatt zu spielen, und andere gebeten, ihre Stimmen zu leihen. Ich liebe alles, was invertiert ist, wie Schwarzweiß oder umgekehrtes Weiß, also benutze ich diesen „Rahmen" (Filter). Ich benutze Tiermasken. Tiergesichter…

Ich habe jede Rolle, jedes Interview gespielt, einer interviewte den anderen Charakter.

Die gesamte Präsentation hatte eine animierte Atmosphäre.

Wir nutzten einen – wenn auch erfundenen – Übergang, eine Fahrt über die Brooklyn Bridge in New York, ein wiederkehrendes Thema, um das Interview und die Kapitel zu kennzeichnen.

Ein Kapitel besteht aus einem 45-minütigen E-Mail-Austausch mit den Protagonisten – ein entscheidendes Kapitel für das Verständnis der Geschichte, da einer der Schlüsselmorde während dieses Austauschs geschieht. Es entfaltet sich ein Spiel, und der Zuschauer ist eingeladen, mitzuspielen und an den Interaktionen teilzunehmen.

Viele Zuschauer haben beklagte, dass die Hauptfiguren mit den „Tiermasken" zu verstörend seien, und zog es vor, eng mit einem menschlichen Protagonisten identifiziert zu werden. Das Motto der meisten Ärzte für Tinnitus-Patienten lautet: „Kümmere dich darum, ignoriere es und ändere deinen Lebensstil." Das ist keine langfristige Lösung für eine tickende Zeitbombe, die nur darauf wartet, zu explodieren. Tinnitus wird nicht als Krankheit oder gar psychische Störung angesehen, kann aber, wenn er nicht behandelt wird, leicht das Gehirn lähmen. Viele Menschen sind süchtig nach Schmerzmitteln und Schlaftabletten geworden. Es ist nicht ungewöhnlich, Menschen zu sehen, die sich vor Schmerzen auf dem Boden wälzen, weil der Lärm

ohrenbetäubend und unerträglich wird. In diesem
Fall vermuten viele Ärzte eine Drogensucht oder eine
psychische Erkrankung. Der Mensch ist eine
Maschine, und wenn diese Maschine von
unbekannten Kräften (Geräuschen, Geistern usw.)
befallen und kontrolliert wird, können die Folgen für
den Betroffenen, aber auch für jeden, der in engem
Kontakt mit ihr steht, verheerend sein. Eine Analogie
zum Realitätsüberschuss im Film: Viele Zuschauer
bemängelten die „unheimliche" Hintergrundmusik
(eine Art Mischung aus Blech- und
Horninstrumenten) als zu störend. Dieses Geräusch
ist ein Tinnitus-Geräusch, das Betroffene häufig
hören. Manche hätten die für Filme typischen
Explosionsgeräusche und laute Musik bevorzugt. Der
weiße Hintergrund symbolisiert Utopie: ein Land, das
es eigentlich nicht geben sollte und das eine
Geschichte erzählt, die es eigentlich nicht geben sollte.